国家社会科学基金研究专项项目，批准号17VZL011

国家治理现代化视角下的财税体制研究

刘尚希 等著

人民出版社

参与本书研究和撰写人员

刘尚希　中国财政科学研究院院长、研究员

傅志华　中国财政科学研究院副院长、研究员

程　瑜　中国财政科学研究院科研组织处处长、研究员

陈　龙　中国财政科学研究院刊物编辑部主任、研究员

赵福昌　中国财政科学研究院财政与国家治理研究中心主任、研究员

梁　季　中国财政科学研究院公共收入研究中心主任、研究员

李成威　中国财政科学研究院全球风险治理研究中心主任、研究员

马洪范　中国财政科学研究院研究生院副院长、研究员

张　鹏　中国财政学会秘书处副处长、研究员

武靖州　中国财政科学研究院宏观经济研究中心研究员

闫晓茗　中国财政科学研究院研究生院副院长、副研究员

目 录

导　论

2013 年，党的十八届三中全会通过了《中共中央关于全面深化改革若干重大问题的决定》，提出"财政是国家治理的基础和重要支柱"，明确"必须完善立法、明确事权、改革税制、稳定税负、透明预算、提高效率，建立现代财政制度，发挥中央和地方两个积极性"。

2017 年党的十九大报告，明确提出要"加快建立现代财政制度，建立权责清晰、财力协调、区域均衡的中央和地方财政关系。建立全面规范透明、标准科学、约束有力的预算制度，全面实施绩效管理。深化税收制度改革，健全地方税体系"[①]。

2019 年，党的十九届四中全会通过了《中共中央关于坚持和完善中国特色社会主义制度　推进国家治理体系和治理能力现代化若干重大问题的决定》（以下简称《决定》），对推动中国特色社会主义制度更加完善、促进国家治理现代化建设提出了明确要求。

在习近平新时代中国特色社会主义思想指导下，根据党的十八届三中全会以来党的重要会议文件精神，以国家治理现代化为视角和出发点，研究如何更好地发挥财政在其中的基础性和支柱作用，以及如何全面深化财税体制改革等问题，对于推进国家治理体系和治理能力现代化、实现中华民族伟大复兴具有十分重要的理论意义和现实意义。

---

① 习近平：《决胜全面建成小康社会　夺取新时代中国特色社会主义伟大胜利——在中国共产党第十九次全国代表大会上的报告》，人民出版社 2017 年版，第 34 页。

一、财税体制是国家长治久安的制度保障

研究中国的财税体制问题,既不能简单套用西方传统财政理论,也不能拘泥于具体操作层面就事论事,就财税体制论财税体制,而要在坚持中国特色社会主义的道路自信、理论自信、制度自信和文化自信的基础上,全面把握财税体制问题的时代感,放到确保国家长治久安的大背景下来考虑。

(一) 从学术语言到政策语言:财税体制相关概念辨析

本书中的概念兼容了政策语言与学术语言。财政制度是一个学术概念,转化成政策语言就是财税体制。在相关文献中,财税体制是指以税收作为主要收入来源,通过预算和政府间财政管理实现政府职能的制度措施安排。在政策文件中,财税体制常与"改革"一起出现,很少单独使用。"财税体制改革"强调的是财政方面的体制改革。从本质上讲,财税体制改革与财政改革是同义词。在本书中,适用不同的语境,可能会出现"财税体制改革""财政改革"等表述,所要表达的意思是一样的。容易与财税体制相混淆的一个概念是"财政体制"。在学界和相关政策文件中,财政体制是一个专有名词,包括中央和地方财政关系在内的政府间财政关系被称为财政体制。在本书中,作为政策语言的财税体制与作为学术语言的财政制度是同义词,是财政相关制度体系的统称,如图 0-1 所示。

财税体制离不开一定的语境,公共财政与现代财政就是其两个不同的语境。公共财政是在市场化改革的背景下提出来的,以处理好政府与市场的关系为目标。在党的十四大明确提出建立社会主义市场经济体制后,如果计划与市场关系没有得到正确处理,我国的市场经济体制也很难被构建

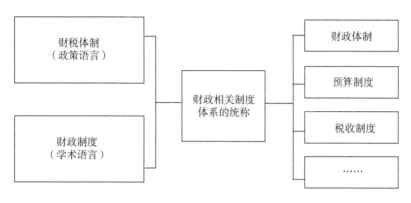

图 0-1　财税体制相关概念

起来，所以财政的公共性被特别强调。

党的十八届三中全会之后开始提出现代财政的概念，财政改革的目标是建立现代财政制度。现代财政是在整个社会治理体系和治理能力的大框架下来讨论财政问题，讨论我们需要什么样的财政制度安排和财政政策设计。现代财政具有综合性，但归结为一点就是"人"，即从人的角度来思考问题。在全面深化改革的大背景下，现代财政要处理好政府与市场、政府与社会、中央与地方的关系。政府与市场的关系指向的是"物"，追求的是创造财富的效率，如何实现更快的经济增长。现代财政指向的是"人"，因为现实中出现的诸多风险迫使我们不得不转向以人为本。在过去物质短缺的条件下，我们的发展以物为本，把增长放在首位，但是增长不等于发展。现代财政以人为本，要求财政政策必须围绕人的基本权利和发展做文章。这涉及许多与社会体制密切相关的问题，但这些问题的解决却相对滞后，需要通过构建现代财政制度加以解决。因此，现代财政并不是公共财政字眼的简单替代，而是从不同视角来看财政，体现的是不同的时代背景和这个时代的主要矛盾。财政要体现公共性，现在也没有过时，不能说讲现代财政就否定了公共财政，公共财政的属性依然存在。之所以提出现代财政，是强调重心要聚焦于"人"。

（二）基于百年未有之大变局看财税体制

党的十八届三中全会指出，科学的财税体制是实现国家长治久安的制度保障，这一论断要放在百年未有之大变局的视角下来看。所谓制度保障，是一个综合概括，涉及经济、社会、政治等各个方面。既然是制度保障，表明在大变局背景下，财税体制是维护国家稳定的基础性制度。

从全球历史来看，100年以前，20世纪20年代，美国就构建了现代化的高效运转的国家机器。倘若没有"进步时代"奠定的财税制度基础，美国资本主义会面临截然不同的情形。在"进步时代"前，美国财税制度混乱无序，难以承担起应尽的责任。国家层面也面临着腐败、失信、假冒伪劣等问题，加之重大灾难不断发生，社会矛盾日益激化。"进步时代"后，美国现代财税制度得以构建，打下了现代国家的基础。

在这100年中，一度有两个超级大国在世界并存，一个是苏联，但其于20世纪90年代初解体。导致苏联解体的致命原因之一是其高度集中的财税制度，在高度集权下，整个社会失去了活力，风险不断叠加，长此以往，在问题冲击之下，整个国家轰然倒塌。在人类历史上，国家发展并非一帆风顺，都会遭遇风险甚至充满曲折。回顾历史，变迁的背后隐含着财政密码，决定着历史的进程，历史的跌宕起伏都有着财政的身影，重要历史变革都将指向财政。出现风险与危机，果敢的财政改革将化险为夷，化危为机；若是优柔寡断甚至裹足不前，迎来的只能是败亡。

从中国历史来看，往前追溯到1840年，鸦片战争爆发，帝国主义列强冲破了清朝闭关锁国的大门。两年后，清政府签订《南京条约》，中国从此逐步成为半殖民地半封建社会。中华民族近代遭受了太多的屈辱，屈辱背后涉及的是少有人知的财政密码。以当时的中、英进行比较，1840年以前，中、英之间表面差距在于工业制造与军事力量，但深层次在于财政制度与国家治理体系、思想上的巨大差异。1688年，英国掀起"光荣革命"，议会从法律上对国王财政权力进行了约束，在此基础上，逐步构建现代财政制度。英国"光荣革命"树立的税收法定原则为工业革命铺平了道路，也为武力殖民扩张提供了财力支持。反观中国，两千年前建立的中央集权体制与财政制度并未与时偕行，财政收入主要是地丁、关税等，仅地丁一项便占据财政收入的三分之二左右。重农抑商的财税制度使得中国经济社会发展长期以农业为主，在这种发展状况下国家综合实力难以强盛。有限的财力下，用于国防的支出也同样有限，加之官员的腐败，不少支出还化为皇亲国戚与大臣们奢靡享乐的消费支出。由于长期缺乏财政纪律，财政无法整合经济、政治、国防，国家实力难以提升，清朝最终走向衰亡。

1949 年，中华人民共和国成立。中国人民站起来的背后同样隐含着财政密码。1938 年，在抗日的大背景下，毛泽东发表《论持久战》，其中提到："抗日的财源十分困难，动员了民众，则财政也不成问题，岂有如此广土众民的国家而患财穷之理？"[①]1949 年，毛泽东发表的《我们是能够克服困难的》中写道："二十二年的人民解放战争告诉我们，在任何一个驱逐敌人建立人民政权的区域，必不可免地要经过一个困难的时期。……为着克服困难，必须完成几项根本性质的工作，这就是：（一）消灭封建势力，使农民得到土地；（二）实行精兵简政，简省国家开支；（三）在上列两项基础之上初步地恢复和发展一切有益的工业和农业生产。"[②]毛泽东提到的三大工作方向都与战时财政体制紧密联系。中国共产党在战时废除了严厉的课税，并实行减租减息，这一系列财税制度奠定了中国革命的经济、社会、政治基础。

1978 年，党的十一届三中全会召开，是新中国历史具有转折意义

---

① 《毛泽东选集》第二卷，人民出版社 1991 年版，第 512 页。
② 《毛泽东文集》第五卷，人民出版社 1996 年版，第 315 页。

的重大事件。如果说 1949 年新中国的成立让中国人民站起来了，那么 1978 年的改革开放则是中华民族富起来的开端。但此时的中国，面临着十年"文化大革命"后的严峻情形。这时的中国，不仅与发达国家的经济差距在进一步扩大，也被一些发展中国家超越。邓小平强调，不实行改革开放，总有一天被开除球籍。经济上的落后为中国提供了改革开放的强大动力。解决经济短缺问题，根本路径在于解放生产力，提高经济系统运行效率，这也就必然走向市场化。要让社会主义经济生机勃勃，便要先让企业充满活力。作为计划经济体制改革的突破口，财政改革为市场化铺平了道路。围绕如何增强企业活力，财政进行了一系列改革，其中的"利改税"成为确立企业市场主体地位、增强企业活力的关键环节。

以史为镜，可以知兴衰，明得失。回顾历史，财政与国家治理紧密联系。从历史的角度总结国家治理，其实质是公共风险治理。唯有不断化解国家发展进程中面临的各种风险，才能实现国家长治久安。当我们审视人类历史的长河时，发现财政与国家治理的关系是如此紧密。

当前，人类社会又面临一个百年变局的关键时期，即人类社会已经迈入风险社会，其特征是高度不确定性。在风险社会，经济风险、社会风险、债务风险、金融风险和地缘政治风险等公共风险相互交织、叠加放大、全球互联，若处理不好会引发严重的发展危机。2019 年年底开始，一场突如其来的新冠肺炎疫情肆虐全球，对世界各国经济社会发展造成了巨大影响。疫情要持续多久，对全球经济和地缘政治会带来怎样的冲击，目前还有很大的不确定性，但以美国股市数日之内多次触发下跌熔断机制，以及全球各地的资产价格暴跌，已经很真实地显现了当今时代的主题——风险社会。回过头来，我们就不难理解，为何"风险"一词在党的十九大报告中出现了 9 次、在党的十九届四中全会通过的《决定》中出现了 10 次，为何习近平总书记在各种场合反复强调要有风险观。纵览《决定》，主题词有两个：一个是"制度"，一个是"治理"。从《决定》全文，看它的精神实质，再从"风险"一词高频率出现这一事实，不难看出其中渗透着忧患意识，即风险思维。当今世界正经历百年未有之大变局，我们对中华民族伟大复兴充满信心，但也面临着巨大的风险挑战，复兴不是敲锣打鼓就能实现的。

百年未有之大变局具有深刻内涵，表明整个人类的发展都面临着巨大的不确定性，全球都面临着很大的不确定性，这种不确定性的形成源于全球治理的老规则不能适应大变局。中国发展进入新时代，风险特征更加突出。随着经济社会发展，在取得巨大成绩的同时，多个领域的风险也开始凸显。防范化解重大风险，位列"三大攻坚战"之首，可谓任重道远，生态环境方面打好污染防治攻坚战任务十分艰巨，经济高质量发展转型中的脆弱性风险不断上升，收入差距和未富先老的老龄化问题形势严峻，等等。人类社会发展要避免处在风险状态之中，需要通过制度改革来构建确定性，有效防范和化解风险就成为时代的任务。财政制度是国家治理的基础性制度，财税体制通过形塑国家治理结构、改变国家治理方式、影响国家治理效能，为国家治理注入确定性，因而成为国家长治久安的基础性制度，如图 0-2 所示。

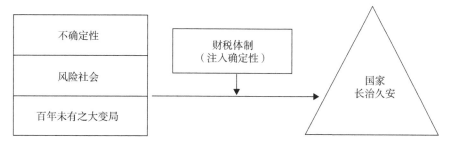

图 0-2　财税体制为国家长治久安注入确定性

二、财税体制改革是着眼于长远的系统性重构

深化财税体制改革并非政策上的修修补补，也不是隔靴搔痒，而是要展开一场事关国家治理现代化的重大变革，是一次立足全局、着眼长远的制度创新和系统性重构。

（一）从三个"有利于"看财税体制改革的整体性

习近平总书记指出，财税体制改革的"主要目的是明确事权、改革税制、稳定税负、透明预算、提高效率，加快形成有利于转变经济发展方式、有利于建立公平统一市场、有利于推进基本公共服务均等化的现代财政制度，形成中央和地方财力与事权相匹配的财税体制，更好发挥中央和地方两个积极性"。[①]

三个"有利于"实际是化解经济、社会等各个方面面临的风险与挑战，可见财税体制改革是系统性改革和重构，不是修修补补，必须要有整体思维，树立一盘棋思想。

要化解利益多元、风险多维等时代特点鲜明的风险，需要推进国家治理现代化，通过治理机制的建立和完善，不断注入确定性。要处理好私人风险和公共风险的关系，既要充分激发私人发展的动力，又防止私人风险转化为公共风险，有效防止负向激励的发生；要处理好财政风险和公共风险的关系，形成社会良性发展的格局。依托财政制度和政策，通过治理机制和制度完善注入确定性，不断化解公共风险。

进入新时代，中国在富起来之后，新的公共风险时有发生，各类经济

①《习近平谈治国理政》第一卷，外文出版社 2018 年版，第 80 页。

社会主体"机会不均"的问题依然存在，各类主体之间的权利也急需界定与规范。以这些问题为出发点的改革亟待推进，完善国家治理体系，提升国家治理能力，实现国家治理现代化，完善和发展中国特色社会主义制度。改革开放40多年来，中国经济社会迅速发展，由过去温饱不足到今日实现全面小康，历史性的变化肉眼可见，如今我国已成为世界第二大经济体，外汇储备位列全球第一，人均GDP连续突破1万美元，已处于工业化的中后期。改革开放为中国发展提供了不竭动力，是中国不断创造奇迹的根本原因，这是当代中国发展实践给出的不可动摇的历史结论。但也要清楚地看到，当前中国面临着发展的约束与成长的挑战。我国现代化与工业化并列进行，工业化和信息化同步发展，叠加经济转型和社会转轨的因素，面临的矛盾和困难举世罕见，遭遇的挑战和风险前所未有。西方发达国家几个世纪以来在工业化、现代化的各个阶段渐次遭遇的矛盾和问题，集中出现在我国现阶段。收入分配差距扩大，经济社会、城市农村、不同地区间发展不平衡的矛盾日益突出，资源约束趋紧、生态环境破坏严重，以及贪污懒政问题频发接踵而至。这些集中出现的矛盾与挑战，错综相连、新旧交织，常使我们身处"两难"的选择困境中。

在新的历史条件下，面对错综复杂的矛盾局面，单靠经济领域的改革已无法解决上述问题，而必须实施整体性改革，也就是治理改革。解决新时代人民日益增长的美好生活需要和不平衡不充分的发展之间的矛盾，需要我们拓展思维领域，突出整体性要求，过去侧重考虑经济解决"吃饱"的问题就行，现在则需要从经济、社会、政府、安全、环境等全面解决治理的问题。与党的十九届四中全会描绘的国家治理制度谱系高度关联，财政是国家治理的基础和重要支柱，是上述各个领域的利益交汇点和枢纽，财政构建确定性，不仅需要注意这些方面的结构和比例变化，更要注意这些部分的协同性和整体有机性，要看到各部分不再相对独立，而是相互制约互为条件。财政改革要从经济体制改革的突破口，扩展到经济社会乃至全面深化改革的突破口或发力点，要从关注经济领域改革为中心，变为从改革和发展的整体性着手，将经济、政治、文化、社会、生态文明等深入贯彻到财税改革中，促进新时代改革和发展的各方面协同推进，发挥合力，满足新时代发展和改革的整体性要求。

（二）财税体制改革关系国家治理现代化的深刻变革

党的十九届四中全会通过《决定》。以一次全会来研究国家治理制度并出台相关决定，这在我党的历史上还是第一次。《决定》对我们整个国家制度体系作了一个全面的描画，第一次形成了中国特色社会主义制度图谱。《决定》中，将国家制度划分为根本制度、基本制度和重要制度。财政是国家治理的基础。治理是依托各种制度来展开的，既然财政是国家治理的基础，那进一步地推论，财政制度应该穿透根本制度、基本制度和重要制度，无论是根本制度，还是基本制度和重要制度，都离不开财政制度。财政制度就像房子一样，承载着制度体系的四梁八柱。

财政是国家治理的基础和重要支柱，是社会各方利益的交汇点，多元多维治理格局中贯彻人本逻辑理念，核心就是通过财政政策和制度安排，在不确定性中构建确定性，有效化解公共风险，实现公共风险最小化。财政要更好实现时代赋予的使命，需要创新思路，吸取过去单兵突进的碎片化改革的教训，着力整体性、协同性推进改革。同时，要善于利用现代科技、信息互联等建设成果，共同提升财税体制改革的效力，为国家治理现代化和"人民幸福、民族复兴"的丰功伟业作出应有的贡献。财税体制改革要强化人民的参与、人民的监督、人民的评判和民生保障机制，强化人民的事情由人民解决，人民的需求由财政力所能及地保障到位。

当前，我国财税体制改革的目标和特征都发生了根本性变化。过去财

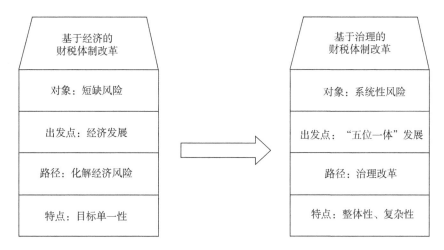

图 0-3 财税体制改革的目标转型与特征变化

税体制改革主要是基于经济的财税体制改革，其对象主要是短缺风险，出发点是经济发展，改革路径是化解经济风险，特点是目标具有单一性。现在财税体制改革是基于治理的财税体制改革，其对象是系统性风险，出发点是"五位一体"发展，改革路径是治理改革，具有整体性和复杂性特点。如图 0-3 所示。

三、财政是国家治理的基础，为国家发展构建确定性

以风险思维和不确定性思维来看，我们发现，恰恰就是财政制度作为基础性制度，构建了制度的确定性。就像房子一样，是靠地基来承载这个确定性，构建确定性，不然房子就垮了。所以，我们看到的确定性，看到的稳定，都是建立在财政制度这个基础之上的，也是建立在财政这个基础之上的。财政制度是对财政的规范，或者说是财政的外壳，制度这个外壳应当由法律和辅助性的各种规章构成，应具有很强的刚性，这样财政才能支撑整个国家制度。如果财政制度是软的，那么国家治理以及

相应的各种制度都会出严重问题。作为国家治理的基础和重要支柱，财政形塑国家治理结构，改变国家治理方式，影响国家治理效能，如图 0-4 所示。

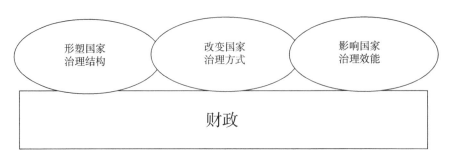

图 0-4 财政是国家治理的基础

（一）形塑国家治理结构

现代国家治理的目标是应对国家发展进程中的不确定性，化解风险。这就要求以一定的国家治理结构作为支撑，构建确定性。国家治理结构就如一栋房子的四梁八柱，只有四梁八柱稳固，房子才能结实，才能遮风挡雨。而国家治理结构怎么样，是否稳固，是通过财政来形塑的。

与国家治理结构相关的一个概念是国家治理体系，国家治理结构与国家治理体系有着关联，但并非同义词。"国家治理体系和治理能力是一个国家制度和制度执行能力的集中体现。"[①] 其中，国家治理体系是一系列国家制度的集成和总和。

一般认为，国家治理体系是党领导人民治理国家的一整套制度体系，囊括经济、政治、文化、社会、生态文明建设和党的建设等各领域体制机

① 《习近平谈治国理政》第一卷，外文出版社 2018 年版，第 91 页。

制、法律法规的安排。① 从内容上看，国家治理体系的基本结构可以也应该采取横向的划分方法，即分为经济治理、政治治理、文化治理、社会治理和生态文明治理并表征为这五个方面治理在体制机制方面的综合。有学者认为，国家治理体系是由政治权力系统、社会组织系统、市场经济系统、宪法法律系统、思想文化系统等构成的一个有机整体，这一有机整体由治理理念、治理制度、治理组织和治理方式四个层次构成。② 也有学者认为，国家治理体系是规范社会权力运行和维护公共秩序的一系列制度和程序。③ 国家治理体系是一个制度体系，分别包括国家的行政体制、经济体制和社会体制；现代的国家治理体系是一个有机的、协调的、动态的和整体的制度运行系统。④

　　综上所述，可以认为国家治理体系是一个制度体系，但这个制度体系长成什么样、具备什么功能，要从抽象出来的国家治理结构中才能看出来。正如房子一样，其结构分为很多层次，有大结构、小结构，结构中嵌套结构。但总体来说，一个国家的治理结构中最重要的是三个方面的关系，即"三维"治理关系：国家与市场、国家与社会，以及中央与地方关系，这是国家治理结构的框架模型。

　　"三维"治理，实际上就是三大利益关系处理，涉及治理主体责权利的清晰界定，涉及各个领域治理主体所遵从的治理规则问题，以及通过治理机制的发挥，实现国家治理各主体在平等基础上通过双向互动形成的稳定平衡的状态或结果，实现共治、善治。

　　国家治理的三个维度构成一个坐标系，国家与市场、国家与社会、中

① 　参见韩振峰：《怎样理解国家治理体系和治理能力现代化（学习连线）》，《人民日报》2013 年 12 月 16 日。

② 　参见许耀桐、刘祺：《当代中国国家治理体系分析》，《理论探索》2014 年第 1 期。

③ 　参见俞可平：《推进国家治理体系和治理能力现代化》，《前线》2014 年第 1 期。

④ 　参见俞可平：《衡量国家治理体系现代化的基本标准》，《北京日报》2013 年 12 月 9 日。

央与地方这三方面相互关联、彼此影响，共同形成国家治理的整体。在坐标系的不同位置，代表三者不同的组合，而具体在哪一个点，与时代背景和当时所面临的矛盾和风险是密切相关的。过去相当长的一段时间，我国社会主要矛盾是人民日益增长的物质文化需求同落后的社会生产之间的矛盾，当时主要问题就是经济短缺，所以改革开放以经济建设为中心，是适应发展阶段需要的。进入新时代，我国社会的主要矛盾已转化为人民日益增长的美好生活需要和不平衡不充分的发展之间的矛盾，国家治理需要从经济维度扩展到经济治理、社会和政府间多个维度，来重新形塑国家治理结构，促进国家治理体系和治理能力现代化。国家与市场是我国改革开放改革的重点，积累了一定经验，但国家与社会的治理关系怎么改，涉及意识形态、社会自治等问题，目前尚未达成共识；政府间财政关系，也是当前改革的重点。

财政形塑国家治理结构，体现在以下方面：首先，从政府与市场关系来看，财政是处理私人风险与公共风险治理的核心。财政决定着经济领域公共风险与私人风险的界定、平衡和分配，也是走向市场经济过程中实现二者之间分工合作改革的突破口，是培育市场、保护产权、实现市场有效的基本条件。财政权、政府活动范围、市场配置资源是互为依托、相辅相成的。其次，从政府与社会关系来看，财政决定着社会领域公共风险与私人风险的界定、权衡与分配。财政同样决定着社会领域公共风险与私人风险的界定、权衡与分配。财政是私人消费和公共消费的平衡器，是社会公共风险的兜底者，也影响着社会治理的效能。最后，从中央与地方关系来看，中央与地方之间事权和财力的配置是中央与地方两级治理的问题。

从形塑国家治理结构来看，当前最为迫切的是处理中央与地方的关系。迫切需要通过深化中央与地方财政关系改革，构建两级治理架构。我国在国家治理架构上主要是两个层级，即中央与地方。而地方是一个整体，省级、地市级、区县级、乡镇级之间的权限划分在不同地方可以不同。首先，国家层面的中央与地方财政关系要与国家治理架构相适应，即中央与地方之间的财政关系改革仍要坚持分税制，其基本框架依然适用于中央与地方之间行政分权的要求，符合激励相容原则，有利于调动地方积极性。其次，地方层面的政府间财政关系改革，不一定要照搬国家层面的分税制，可以因地制宜。因为地方内部不具有同质性，比如，我国在行政体制上有省、自治区、直辖市、特别行政区等不同存在形式。此外，各地在人口规模、区域面积、经济发展水平及发展条件等方面差距甚大。因此，分税制无法从国家层面贯穿到地方内部的各级政府之间。地方可以有地方特色，应该因地制宜而不必搞"一刀切"。同时，这样也有助于省级政府发挥对省级以下政府负有的辖区责任。

（二）改变国家治理方式

不确定性是风险社会的本质所在。风险社会中风险的复杂程度与影响范围决定其必须从国家层面来解决，从这个角度来看，国家治理的本质是公共风险治理，国家治理的方式是"注入确定性—治理公共风险"。国家治理通过注入确定性以实现社会制度体制改善。这个过程中，有四个关键的阶段：认知改变——政策制定者在微观和宏观层面的变化观念，通过认知不确定性来达到，创造了一个有利于改变的环境；政策结合——对不确定性认知与社会状态的理性化表达，分析不同领域的不确定性，并准备向实际政策措施推进；制度变迁——实施政策措施改善社会制度，改善不确定性；社会变化——制度变革逐渐从程序变革阶段转向实质性变革阶段，带来实质性的社会变化。通过以上四个阶段实现从观察、探索到实践的结合，由社会体制机制的改变推动社会变化，从而达到注入确定性的效果。

国家治理注入确定性的关键是再次认知不确定性，认知不确定性—注入确定性不是一个线性过程，而是一个循环过程，如图 0-5 所示，不断受到主观因素和客观因素的反馈和适应。这一过程受到宏观和个人两个层面因素的重要干预作用的影响。这些因素包括风险预期、政策措施,以及行为变化和预期变化等。认知不确定性是在"原有"社会形态基础上的认知,制度变迁会导致社会形态在循环过程中的改变,这种变化会在人的行为抉择、资源分配、心理预期方面发挥强大的作用。这些因素作用于社会形态的主观因素与客观因素,使社会走向新的状态,也为社会带来了新的不确定性,这意味着新风险的可能。新的不确定性需要再一次进行研究,通过认知不确定性步入新一轮的循环。这需要突出认知不确定性的核心作用,突破原有路径依赖,驱动循环过程持续为社会治理结构优化带来新的需求。

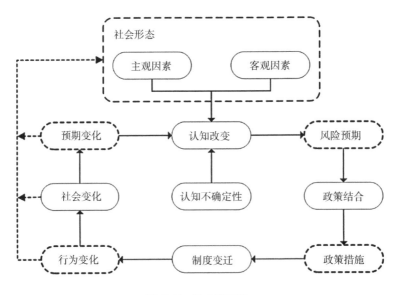

图 0-5　注入确定性

不确定性以及由此引发的公共风险既是人类社会发展的天敌,又是人类社会发展的原动力。人类社会在与不确定性和公共风险竞赛过程中,自身应对和防御不确定性和公共风险的风险理性水平也在不断提高,表现为知识的进步、技术的提升、公共制度的改进，以及公共创新能力和公共风险意识的提高，这些都是注入确定性的过程。当不确定性发生改变时，公共风险理性也要发生变化，原来应对不确定性的公共制度不能适应新的情况。在新的不确定性情形下，如果还沿用过去的老思路、老制度应对，不但不能防范公共风险，反而可能会加剧公共风险。这个时候就要顺势而为，进行公共制度创新，以提高公共风险理性水平。这就解释了历史上为什么有改朝换代，就是因为一个朝代统治时间长了，公共制度容易僵化。僵化的公共制度难以应对随时改变的不确定性。只有善于学习，不断创新公共制度，才能提高应对不确定性的公共风险理性水平。从历史的角度来观察，我们只能从"可见"的公共制度"化石"（政治架构、文化传承、价值观念等）来了解曾经发生了什么样的公共风险。[①]

国家治理是不断注入确定性的过程，在注入确定性的各种措施中，区别于其他措施，财政具有定海神针的作用，因此财政改变着国家治理的方式。

第一，财政影响着全社会的公共风险理性水平。知识、技术、公共制度、公共创新能力和公共风险意识等公共风险理性每个要素都有相应成本，这些成本都需要财政承担。应对公共风险，需要对公共风险进行研究，加强对公共风险的预警，这有赖于知识水平的提高，而这必须付出成本。为了抵御各种公共风险，人们需要创造和改进各类技术，这些都要付出成本。所有的公共制度，不管是显性制度，还是隐性制度，其形成和运行都是有成本的，这些成本都需要财政来支撑。[②] 而国家本身作为最大的一项制度，以财政为经济基础，须臾不能离开财政的支撑。公共风险导致了制度结构的产生，那么，这种制度成本亦可看作防范公共风险的

---

① 参见刘尚希：《公共财政：公共化改革的一种转轨理论假说》，《财贸经济》2010 年第 8 期。

② 参见刘尚希：《中国财政风险的制度特征："风险大锅饭"》，《管理世界》2004 年第 5 期。

代价。①

第二，财政既调剂着公共风险与私人风险的关系，也调剂着各种公共风险，以实现风险平衡。现代财政制度发展出的信用制度、投融资制度等，为既定的制度框架内的社会风险找到暂时的安置点。从风险管理的角度来看，分散的风险点比单一的风险点更加难以管理。由于风险点之间存在关联性，分散的风险点会产生系统性风险，使公共风险对经济社会的破坏力倍增。② 财政意义是为应对相关社会风险的制度改进争取时间，不同情况下的财政制度是灵活的，能迅速地依据风险类型选择弹性的财政收支政策，实现风险的转移与分散。财政风险虽然也有自身的限度，但是如果公共风险足够大，需要通过牺牲财政风险的时候，财政风险也必须作出让步。全社会的总体目标是公共风险最小化，财政风险是服务于公共风险治理的。这也说明，财政风险要为公共风险承担最后的兜底责任。

第三，财政通过推动国家治理变革化解公共风险和公共危机。历史已经证明，影响统治政府盛衰更替的往往是由财政改革引起的，每一次财政改革都是由社会风险爆发引发，成功的财政改革能够很大程度上化解社会风险，给国家带来长治久安。历史上的财政改革，所要直接解决的问题是当时的政府财政危机，但财政危机背后是经济、政治制度无法与当时社会相匹配，而非单纯的财政问题。因此，财政改革应是社会制度变迁的起点，逐渐向其他引发财政问题的根源领域延伸，与社会其他方面的改革配合，实现整体改善。

第四，财政是调动各方面力量共同化解公共风险的总中枢。化解公共风险，仅靠政府或某一方面的力量是不够的，必须发挥多元主体的积极性，这也是我们讨论"治理"常有的题中之义。财政在调节各种关系中发

---

① 参见刘尚希：《公共财政：公共化改革的一种转轨理论假说》，《财贸经济》2010 年第 8 期。

② 参见刘尚希、李成威：《基于公共风险与财政风险的公共服务评估》，《铜陵学院学报》2014 年第 5 期。

挥着基础性作用。财政调节的关系包括政府与市场的关系、政府与社会的关系，以及政府部门和政府层级之间的关系。财政通过预算、税收和财政政策，可以调节政府与市场以及政府与社会的关系；通过财政体制，可以调节政府部门和政府层级之间的关系。财政通过这些关系的调节，可以将各种力量的作用发挥最大，从而形成应对不确定性和公共风险的治理结构。

综上所述，财政改变国家治理方式，核心是处理好公共风险的平衡关系。风险与利益是一枚硬币的两面，处理好公共风险平衡关系，也就是要处理好各个主体之间的利益关系，只是这种利益关系不是传统福利视角的利益关系，而是风险视角的利益关系。

风险视角的利益是以人为中心的利益。历史发展趋势和现实治理需要，都要求财政考虑改革发展必须落到人的目的上。构建现代财政要以人为本，围绕人做文章，会涉及诸多社会体制的安排。当前社会领域存在许多亟待解决的问题，比如人的身份问题，在户籍安排上，农村与城市户口存在差异，编制内与编制外存在差异，干部与工人存在差异，由此导致人与人之间的差距不仅没有缩小，反而在扩大。这类问题增加了我们整体发展的不确定性。中国发展至今已是一个整体性、全局性的发展，单靠做大GDP难以解决所有问题，经济社会各方面都要协调发展，发展过程越来越体现出整体发展的趋势，就像一个人要德智体美劳全面发展，一个国家也要经济社会全方位发展。随着发展的持续转型升级和爬坡过坎，我国面临的不确定性也在逐渐变大，随之就会产生公共风险，经济、社会、环境等领域遭遇的风险，正是财政所需关注的。

要基于多元利益主体的平等、互动形成利益平衡机制，通过财政收支、制度、政策安排，健全体制机制，在治理过程中更加体现人的主体性和能动性，强化依靠人和由人民评判的目的性。新时代推进国家治理现代化，需要处理好手段和目的的关系，要以人民为主体促进发展，但又要避免为发展而发展，目的还得落到人本身，从而使人民逻辑成为社会主义本质的体现。

（三）影响国家治理效能

党的十八届三中全会提出，把完善和发展中国特色社会主义制度、推进国家治理体系和治理能力现代化作为全面深化改革的总目标，对新时代全面深化改革作出顶层设计。党的十九届四中全会正式提出了国家治理体系和治理能力现代化若干重大问题。中国特色社会主义具有多方面的制度优势，将这些制度优势转变为国家治理的效能，财政发挥着转化器的作用。财政的基础和支柱作用有效发挥，直接决定着国家治理能力现代化的水平，也决定着国家治理效能的提升。

首先，国家治理实现利益包容化解风险，要发挥财政的耦合器功能。化解公共风险，必须发挥多元主体的积极性，这也是我们讨论"治理"常有的题中之义。中国共产党在长期执政过程中，坚持"从群众中来，到群众中去"的群众路线，实际上就是通过实现利益包容化解风险的过程。财政在调节各种关系中发挥着基础性作用。财政调节的关系包括政府与市场的关系、政府与社会的关系，以及政府部门和政府层级之间的关系。财政通过预算、税收和财政政策，可以调节政府与市场以及政府与社会的关系；通过财政体制，可以调节政府部门和政府层级之间的关系。财政通过这些关系的调节，可以将各种力量的作用发挥最大，从而形成应对不确定性和公共风险的治理结构。利益分配和风险分配是一个事情的两个方面，是从不同的视角看问题。利益分配是确定性的视角，而风险分配是不确定性的视角。从确定性的角度调整利益分配格局，可以达到化解不确定性风险的效果。1949 年 7 月，毛泽东在社论稿《我们是能够克服困难的》中写道："二十二年的人民解放战争告诉我们，在任何一个驱逐敌人建立人民政权的区域，必不可免地要经过一个困难的时期。……为着克服困难，必须完成几项根本性质的工作，这就是：（一）消灭封建势力，使农民得到土地；（二）实行精兵简政，简省国家开支；（三）在上列两项基础之上初步地恢复和发展一切有益的工业和农业生产。"①毛泽东讲了三项工作，每一项都与战时财政制度息息相关。中国共产党制定的战时财政制度废除了严厉的课税，并实行减租减息，本质上是利益格局重塑，为赢得新民主主义革命胜利打下了牢固的经济、社会、政治基础，为推翻帝国主义、封建主义、官僚资本主义，最终取得胜利注入了确定性，降低了风险。

从利益分配的角度来看，财政是利益分配的耦合器。利益分配调整的背后反映的就是风险分配或分担的变化。例如，减少个人所得税，个人得到利益，相应地个人承担的社会风险责任就减少了，国家承担的风险就增加了。再如，财政资金的分配，对国有企业的投入增加了，国有企业获得的利益更多，则说明国有企业承担的风险变小了。社会保险缴费费率和比例关系变化，表面上是个人、企业和国家利益关系的调整，实际上是社会、企业和国家承担风险责任的变化。财政通过耦合各种利益之间的关系，可以化解国家治理面临的各种公共风险。

其次，国家治理中应对和处置各类风险，要发挥财政的平衡器功能。从风险社会的角度来看，要提高国家治理效能，及时和正确处置各类风险、实现公共风险综合平衡是关键。从整体来看，财政是平衡各种公共风险的中枢。从大的方面来说，经济风险、社会风险和政治风险既是公共风险，也是执政风险。这些公共风险是相互转化的，如何平衡这些风险，需要财政发挥作用。比如，三大攻坚战中，打好防范化解重大风险攻坚战，重点是防控金融风险。财政除了要密切关注地方债务风险防控之外，还需密切关注在防范金融风险中引发的风险问题；打好精准脱贫攻坚战是化解

---

① 《毛泽东文集》第五卷，人民出版社 1996 年版，第 315 页。

社会风险，如何在精准脱贫过程中做到"既不降低标准影响脱贫攻坚质量，也不盲目提高标准，避免福利陷阱和悬崖效应"，就是平衡财政风险和社会风险之间的关系；打好污染防治攻坚战，也涉及环境风险、经济风险和财政风险的分配与平衡问题，其中财政是中枢。

从战略上看，财政是平衡短期风险和长期风险的关键。财政风险分配和综合平衡除了分配和平衡不同类型的公共风险，还涉及时间维度的公共风险平衡，即短期风险和长期风险的平衡问题。例如，减税的问题和社保缴费的问题，都涉及短期和长期的平衡关系。从短期来看，减税会加大财政风险，但有利于化解经济风险。因此，在保持适度财政风险范围内的减税，从长期来看，有利于经济发展，反过来又会缓解财政风险。但超出了财政风险的度则等于"饮鸩止渴"，不但不利于缓解公共风险，反而会加大公共风险。国家治理中，必须善于发挥财政的平衡器功能，及时应对、化解或分散风险。

最后，实现国家治理的长治久安终极目标，要发挥财政的稳定器功能。历史反复证明，国家兴衰或政权更替背后隐藏着财政密码。当国家或政权遭遇风险挑战，若及时和有效推动财政改革，就能化危为机，实现兴盛；反之，则会走向衰退和灭亡。这说明财政背后反映的是治理结构与风险挑战的匹配情况。治理结构与风险挑战不匹配，就需要通过财政改革来调整治理结构，使之匹配。历史上的财政变革，所要直接解决的问题是当时的政府财政危机，但财政危机背后是经济、政治制度无法与当时社会相匹配，而非单纯的财政问题。因此，财政改革应是社会制度变迁的起点，逐渐向其他引发财政问题的根源领域延伸，与社会其他方面的改革配合，实现整体改善。

看待财政如何发挥作用，要把握两个三角：一是由改革、发展、稳定构成的三角；二是经济、政治、社会三者关系。中国的发展之所以取得巨大成功，就在于正确地处理了改革发展稳定的关系。未来要更大力度地开放，要取得更大的成功，依然要处理好改革、发展、稳定三者的关系。从世界各国来看，凡是出了问题的国家，很多都是在"改革、发展、稳定"这三个问题上没有处理好，三者之间没有形成一种良性的互动关系，没有形成一种相互支撑。中国改革开放40多年的成功，恰恰是把这三者关系处理得非常好，财政对这个"三角"起到了支撑作用，还起到了平衡器、稳定器、协调器的作用。

上述所有功能，都是财政的转化功能，即将国家的制度优势转化为国家治理效能的功能。从当前我国的情况来看，强化财政的以下转化功能较为关键：一是强化财政统筹资源配置的能力，将政治优势转化为抵御公共风险的资源优势。政府资源不统筹，就可能引发风险。例如，我们以公有制为主体，多种所有制并存。公有制包括国家所有，涉及国家所有权，这是政府的资源，理应管起来、用起来。二是财政促进经济发展和社会发展相互转化，实现经济和社会协调发展。经济要发展，社会也要同步发展，不能一条腿长，一条腿短。三是将我国的政治优势转化为公权约束效力，建立和完善约束公共权力的财政制度安排，强化财政和预算对公共权力的约束，消除产生腐败的土壤。

四、现代财政制度的基本逻辑

财政支撑着国家的发展蕴含在三条逻辑线索当中，如图0-6所示。一是不确定性与风险逻辑，即财政致力于化解各种公共风险，并在此过程中不断构建国家发展的确定性；二是社会主义与人民逻辑，即强调以人为本，围绕人的生存和发展问题定位国家发展目标，强调财政围绕"发展为了人民、发展依靠人民"做文章；三是行为主义与创新逻辑，即按照行为主义的思路考虑财政发展和改革以及财政各项制度设计，坚持在实践当中

完善各项制度，处理好改革、发展和稳定三者之间的关系，避免国家发展

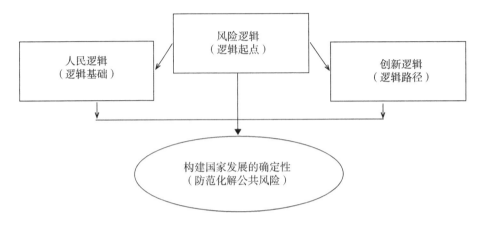

图 0-6　现代财政制度的基本逻辑及其关系

出现重大风险。

（一）逻辑基础：人民逻辑

"人民对美好生活的向往就是我们的奋斗目标"，发展为了人民，发展依靠人民，要坚持人民主体地位、人民至上，就是强调要坚持以人民为中心的发展逻辑。贫穷落后不符合社会主义要求，我们要发展经济，发挥资本逻辑的作用。但是，我们又不能为经济而经济，两极分化也不符合社会主义要求。因此，我们既要充分利用资本逻辑来增加社会财富，同时又要注意让资本逻辑在服务于人民逻辑的前提下发挥作用，给资本逻辑套上笼头，真正体现以人民为中心的发展思想。贯彻人民逻辑理念，财税改革就要协调处理好经济、社会等各方面的关系，要强化支出的民生性，从养老、医疗、教育等社会支出方面促进民生的保障，经济、社会乃至基础设施方面为保障民生创造条件，真正体现人民的目的性。

按照马克思主义原理，人类社会发展的最终目标，就是实现人的自由和全面发展。不同发展阶段，人类社会面临不同的主要矛盾，是我们实现目标的前提和基础，解决社会发展所处阶段的社会基本矛盾，实现人的发展目标，就成为人类社会发展的主要逻辑。人类社会发展自进入阶级社会以来，先后冲破"神权"和"君权"统治，个体理性不断强化，人民逐渐占据人类历史舞台的主角。但是等级社会中，受阶级性的约束，人民性并没有成为主流。

工业化实现物质财富创造的实践中，也带来了人的异化，人慢慢变成生产的附属物，人从目标变为手段，"人本"演变为"物本"，人民立场不断被偏离。中国改革开放的发展历程，可以说是人类社会步入工业文明以来历程的浓缩，在解决短缺的需要矛盾中，资本逻辑发挥了重要作用，经过短短40多年的发展，中国经济跃升为世界第二大经济体，但伴随资本逻辑作用的发挥，为生产而生产，环境、分配差距等问题日益突出，在创造物质财富的过程中偏离了人民立场。回归人的目的性问题，世界各国也从不同方面、不同程度地采取措施予以纠偏改善；党的十八大以来，我们紧扣中国特色社会主义的特点，强调发展为了人民，发展依靠人民，人民立场得以重新确认。

在特定的历史阶段，发挥资本逻辑作用解决社会的主要矛盾是必要和有效的，但发展的过程中我们要牢记以人为本的理念，处理好人民逻辑和资本逻辑的关系，实际就是发展为多数人还是为少数人的问题。发展是为了人，发展成果为多数人享有，实现人民共建、共治、共享，就是人民逻辑；发展成果为少数人享有，居民收入差距就会呈现马太效应，就是资本逻辑，人民主体地位就难以保障到位，人与人、人与社会的关系就会恶化。发展要利用资本逻辑，加速物质财富创造，但同时发展要以人民逻辑为主导，体现成果共享，处理好人和物、多数人和少数人的关系，实现手段和目的有机统一，才能将人民逻辑落实到位。我们改革发展进入新时代，要坚持人民主体地位、人民至上，就是强调要坚持以人民为中心的发展思想，实现从物本财政到人本财政的转型。

坚持人民立场是新时代做好一切工作的基础，强调人民立场就是突出发展依靠人民、发展成果由人民共享。财税改革要充分体现人民逻辑，搞社会主义市场经济，可以引入资本逻辑，但要强调人民逻辑的支配地位，把资本逻辑限制在经济领域。过去以经济改革为中心，服从资本逻辑，着力为市场机制开辟道路，现在不能这样改革，要考虑社会性支出，体现共享。财政是提供基本公共服务的，财政分配要在发挥资本逻辑调动积极性的基础上，加大公平分配的保障力度，强化民生领域的保障能力，让资本逻辑在促进物质极大丰富的基础上，通过财政收支调控，实现发展成果的人民共享，切实保障社会的公平正义。

(二) 逻辑起点：风险逻辑

从当前社会大背景来看，我们已处于人类社会发展的风险社会阶段。1986 年，德国社会学者贝克开创性地提出风险社会的概念，他认为，历经农业社会、工业社会，再到信息社会，人类当前已经进入风险社会。风险社会的突出特征就是不确定性逻辑。不确定性逻辑并不是强调某一领域或某个方面的不确定性，而是强调国家全局发展与全球发展的不确定性。人类具有寻求安全感的本能，世界的不确定性促使我们建立为国家、为人类社会注入确定性的发展制度。进入风险社会后，财政的使命便是管理好风险。风险存在层次，有个体、市场的风险，也有国家发展层面的公共风险，如何防范、化解公共风险，为社会发展注入确定性，需要政府制定相应的制度与政策。政策多从短期角度考虑问题，制度更多从战略上解决问题。

风险包括公共风险和私人风险。公共风险是与私人（个体）风险相对应的。凡是私人（个体）能够化解的风险即为私人（个体）风险，否则即为公共风险。从这个角度来看，公共风险是有层次性的，也就是说，公共风险是与一定范围的群体相对应的。公共风险源于个体和集体行为。风险是人们活动的产物，包括作为个体的人和作为集体的人。首先，个体行为的外部化会产生公共风险。而经济领域中个体行为的外部化，社会领域中个体行为的外部化，都会转化成公共风险。从个体风险到公共风险的转化与市场有关，也与狭义的社会有关，比如市场出现危机可能引发出公共风险，金融危机也会引发公共风险，而社会中的教育、医疗、贫富差距，以及就业、养老，还有生态、环境等，也可能转化成公共风险。其次，集体行为的脆弱性导致公共风险。集体行为的脆弱性体现为治理结构与不确定性的不匹配关系。一方面，社会系统的管理与制度不足，无法提供足够的力量来应对本应可以解决的风险；另一方面，复杂的社会制度又容易削弱集体行为应对风险的努力。最后，社会群体的高度关联性放大个体和集体行为产生的公共风险。尤其是在风险社会，人与人之间的联系更加紧密，不可分割。社会的分工、知识的分工、个体不同层次之间的冲突，都会导致不确定性，从而形成公共风险。社会群体联系紧密，关联的风险便会升级，局部风险容易演化为全局、整体风险，风险危害程度也随之加大。社会越来越发达，个体与集体的某些举动，便越来越如蝴蝶效应般瞬间影响和传递到世界每一个角落。信息化与网络化将人的距离无限拉近，人的行为产生层层波澜向社会各面传开，这些关系链形成风险链、风险网，你中有我，我中有你，某个环节的风险足够导致系统性瘫痪。

要化解利益多元、风险多维等时代特点鲜明的风险，需要推进国家治理现代化，通过治理机制的建立和完善，对冲不确定性。要处理好私人风险和公共风险的关系，既要充分激发私人发展的动力，又要防止私人风险转化为公共风险，有效防止负向激励的发生；要处理好财政风险和公共风险的关系，形成社会良性发展的格局。依托财政制度和政策，通过治理机制和制度完善注入确定性，不断化解公共风险。

（三）逻辑路径：创新逻辑

历史的变迁具有不确定性，财政的逻辑就是在不确定性中建构确定性、化解公共风险。从国家发展的角度来看，财政事关整体和全局性，在国家发展面临风险的时候，不断防范和化解其所面临的各种公共风险，是财政发展和改革的重要目标。但我们也要意识到，财政在建构发展的确定性的同时，其本身也在很大程度上具有不确定性。在这个过程中就需要有正确的价值取向和规避风险的方法论，即价值取向坚持社会主义与人民逻辑，方法论遵循行为主义和创新逻辑。唯有如此，财政在建构发展的确定性、化解公共风险的过程中，才能既坚持正确的政治方向，又能避免激进做法带来灾难性后果。

行为主义与文本主义的差别在于：任何行为都是外与内的综合，而文本主义只讲外，没有讲内。靠外在的力量，即一切靠制度去规范和约束，实际上是机械唯物主义的观点。世界是不确定性的，如果制度是僵化的，这种制度是无法应对国家发展各种不确定性的，国家发展的问题不但不能解决，还会产生新的公共风险。这就是我们既强调法治又强调德治的原因，强调从行为出发出台措施，并通过制度来强化和规范，并根据公共风险变化灵活调整制度。国家发展坚持行为主义，但这并不说明没有制度设计，只是这种制度设计更加务实、更加符合现实要求，即在制度设计中充分考虑了各种公共风险因素，并能根据公共风险的变化及时调整，灵活把握，而不是机械地套用制度。这种基于行为主义的制度设计能将各种不确定性以及公共风险因素纳入制度设计中，减少不确定性和防范化解公共风险。

从行为逻辑看公共产品，其实质是化解公共风险的个体和集体行为规则。撇开经济的逻辑，公共治理是通过提供公共产品来化解公共风险。这里的公共产品并不是一个体现为物的概念，而是一种规则，是规范与引导个体和集体行为的规则。针对公共风险，大家都负起责任来公共风险就会减少，大家都不负责任公共风险就会增多。社会共同体又有不同的层次、不同的人群、不同的区域，是多个维度的。各自承担个体风险的能力也不同，个体和集体行为的规则有助于分配和调节这些风险，就可以避免风险的积聚而形成公共风险。公共风险既有外部的，也有内生的，这两方面同时存在。所有的政府的行为，包括财政的行为，实际上都是为了防止公共风险的积聚扩散。有的通过法律，有的通过制度，有的通过道德；有的是显性的规则，有的是隐性的规则。所以，像国防这种类公共产品是应对外部的，而像警察、法庭、法律制度、文化、道德，这些是应对内生的。如

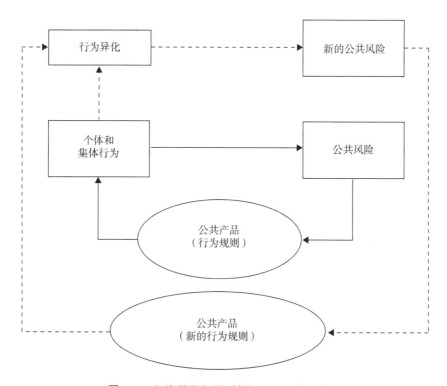

图 0-7　行为异化与规则创新和公共产品变迁

果没有内生的这些不确定性以及形成的公共风险，这些东西根本没必要存在。

行为总是在不断地异化，而制度总是有漏洞，行为总是会使得现有的制度失效，因为行为总在不断创新，这时就得有新的制度来进行调整。行为异化成新的行为方式，旧的制度可能就不适应新的行为了，这个时候就需要新的公共产品。例如，过去马车的时代不需要交通规则，后来经过创新有了汽车，这就需要交通规则，由此引发出一系列的问题。再如，过去搭个茅棚就可以住了，现在都需要高楼大厦，那住房就需要建设，就需要标准，就需要管理，这一系列的问题就出来了。这之间会产生很多的不确定性和公共风险，这就需要政府来做。所以，需要的公共产品和服务越多，就越需要标准，越需要监管。这些不同层次的行为、不同领域的行为，如果不协调就会有公共风险，如图 0-7 所示。

财政提供公共产品，因而成为化解公共风险的基础性制度安排。化解公共风险是不断注入确定性的过程，在注入确定性的各种措施中，区别于其他措施，财政提供公共产品，因此财政成为公共风险的基础性制度安排。

五、本书的基本框架

本书从多个角度对国家治理现代化视角下的财税体制问题进行研究，基本框架如图 0-8 所示。

导论。从概念、思路、定位和逻辑等方面对财税体制及财税体制与国家治理的关系进行阐述。

第一章为国家治理：认识财税体制的新视角。本章为理论基础，以"大变局"为背景，阐述现代财政的基本功能是融合公平与效率，构建了现代财政坐标定位的三维模型，提出财税体制改革即是现代财政制度构建的过程。

第二章为财税体制改革的主要进展和基本评价。分析当前中央与地方出台的财税体制改革措施，基于公共风险状态对财税体制改革进行评价，分析存在的问题。

第三章为财税体制改革面临各种不确定性挑战。财税体制改革的方向虽然确定，但改革的环境和改革本身存在诸多不确定性，特别是在数字化趋势、社会结构快速变化和全球化背景下，财税体制改革存在较大的不确定性，说明财税体制改革要树立公共风险思维。

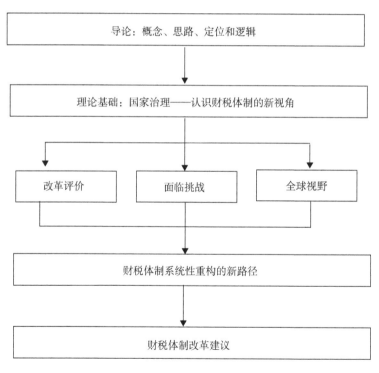

图 0-8　本书基本框架

第四章为全球视野下的财政制度：经验与教训。分析两种国家结构下的财政体制，事权、财权与财力不同组合形成不同的财政体制，预算与财政治权，以及公平与效率融合长效机制导致西方国家公共风险扩大情况。

第五章为财税体制系统性重构的新路径。分析财税体制改革的新观念、新路径和新思路，对"一体两翼"财税体制改革路径进行系统阐述。

第六章为基于国家治理的财税体制改革建议。从体制、管理、保障和技术支撑等角度提出财税体制改革的具体建议。

第一章 国家治理：认识财税体制的新视角

中国特色社会主义进入新时代，表现为经济社会发展的整体性。过去我们的发展和改革，主要是经济层面的发展和改革，解决经济问题，解决富起来的问题。现在我们改革和发展，不仅解决经济问题，还要解决治理问题。我们的发展由过去的经济发展变成整体性发展，改革也由过去的经济改革变成全面改革。过去的经济改革是市场改革，现在的全面改革是治理改革。国家治理的现代化和财税体制的新视角，必须以整体性把握新时代发展和改革特征为基础，不能偏离，否则分析就失去根基。

一、"大变局"：公共风险与国家治理

（一）新时代与"大变局"

当今世界正经历百年未有之大变局，且全球经济进入"新平庸时代"。以美国、欧洲部分国家为中心，西方国家内部经济结构失衡、社会两极分化等诸多矛盾累积。加上新技术革命及气候危机等因素的影响，未来国际经济和全球治理面临极大不确定性。

首先，科技变化打破原有的社会平衡，加剧不确定性。现代社会的科学技术提升了人们改变自然和社会的能力。过去人们主要通过认识规律来利用自然。步入工业化以来，人们可以利用技术按照人类的需求改造自

然。人类对自然的逼迫性索取，虽然带来了物质财富极大程度增加，但同时打破了原有的平衡，带来许多不确定性和潜在危险。在传统工业化模式下，人与自然的关系以及人与人的关系越来越紧张，导致各种风险和危机频发，资源环境和财富分配等各方面的问题使得经济社会发展越来越不可持续。21 世纪以来，人工智能得以广泛利用，对人类技术发展模式有很大的影响。但人工智能在多大程度上改变世界，会导致什么样的后果，很多还是未知领域。未知的领域蕴含着不确定性和未知的公共风险。自动化是不断加剧的不平等的一个潜在驱动因素，成为劳动力市场中的一股破坏性力量，随着新技术在全球经济中的扩散，其影响可能会长期持续。在可预见的未来，我们可以预期自动化和数字化会导致就业水平和工资水平下降，促使金字塔顶端的收入和财富增加。世界经济论坛 2019 年的《全球风险报告》对重要领导人展开的一项调查发现，环境问题和人类技术高速发展带来的数据泄露和网络攻击等问题是重要的风险来源。

其次，国际政治和国际秩序进入新的变化和动荡时期。工业革命带来生产力发展的巨变，这种巨变引发了两次世界大战，从而改变了世界政治经济版图，重构了全球规则，建立了新的秩序。当今，超越工业革命的数字革命和新冠肺炎疫情等因素叠加，将会把各国带入一个全新的"风险世界"。打破现有规则和秩序的力量大于构建规则和秩序的力量，势必造成解构确定性的速度远远超过构建确定性的速度。春秋战国纷争持续五百多年，工业革命引发的世界动荡持续了近百年。可以预期，此番世界动荡不是短时期能结束的，将会持续非常长的时期，且越往后，动荡越加剧，其中蕴含着巨大的不确定性。

（二）"大变局"中衍生出诸多公共风险

首先，全球风险快速增长。2019 年年末，美国大西洋理事会的一篇报告解释了 2020 年的十大风险，其中包括世界贸易秩序解体、世界经济将出现分化、核稳定机制瓦解与核扩散。特别是谈到贸易秩序方面，这篇报告强调，虽然世界贸易组织在过去 70 年为促进世界繁荣、维护基于规则的经济秩序发挥了关键作用，但随着争端解决机制的消亡，该组织可能也会不复存在。最好的情况是，经过 6—24 个月后，随着全球供应链的断裂，将出现一种弱化的仲裁机制，在经过改革后，世界贸易组织的职责权限将大大减小。无论如何，与主要经济体的规模和实力相比，普遍规则和执法在形成贸易条件方面的重要性将会降低。这些大国利用其市场规模通过关税将贸易武器化，将在制定贸易条件方面发挥更大的作用。与此同时，优惠贸易安排、双边（如欧盟—日本、欧盟—东盟）和多边（全面与进步跨太平洋伙伴关系、区域全面经济伙伴关系、欧亚联盟）将在制定规则方面发挥更大的作用。后者（通常不包括美国）可能成为全球贸易的新常态。在分化的世界经济方面，这篇报告认为，尽管中美贸易摩擦略有停顿，但在双方日益高涨的技术民族主义情绪下，世界最大的两个经济体之间的脱钩，正在推动一种新的全球经济动态。北京掠夺性重商主义的主要因素（对国有企业和"国家主导企业"的大量补贴，追求"中国制造 2025"的"数字主权"，以及对外国投资者的经济胁迫）在很大程度上仍然没有改变。华盛顿正在寻求切断连接美国和中国的供应链，切断来自中国的投资、科学交流和技术进出口。脱钩将主要出现在电信 /5G、电子 /IT 行业，以及敏感的国家安全相关行业，从而导致互联网和电子商务的碎片化。全球创新和供应链的中断将使美国的"印太政策"出现问题。在 61 个国家中，只有 3 个国家响应了美国的要求，切断了与华为的联系。毕竟，中国是美国所有亚洲盟友和伙伴的头号贸易伙伴，也是美国与欧盟和许多拉丁美洲国家的头号贸易伙伴。

此外，该报告还预示了出现世界金融危机的可能性，认为一场同时涉及三个经济中心的经济放缓的完美风暴可能将全球经济推入另一场严重的经济危机。中国的内部矛盾正在加剧，包括庞大的公共债务、家庭债务和公司债务（国内生产总值的300％）、人口老龄化（劳动力短缺、养老金和医疗需求）以及增长放缓（实际增长率为2％—3％）。美国联邦政府的债务问题日益严重，在利率创历史新低的情况下，美国的公司债务也很严重。美联储担心，其财政和货币工具可能无法胜任应对经济衰退的工作。同样，经济增长放缓以及欧盟在2008年金融危机后的不均衡复苏后出现的分歧，使其不太可能成为带领世界走出衰退的候选人。这将比2008年更危险，因为美联储和美国国会合作行动的问题更多。

全球排名第六的著名智库新美国安全中心（Center for a New American Security）发布的《应对中国崛起的跨大西洋路线图》中的一段话刻画了美国在中国问题上的焦虑，"中国已经在人工智能和5G等领域取得领先优势，并将目光投向量子计算和基因组等其他领域。因此，技术竞争时间紧迫，美欧不得耽搁"。此外，部分发达国家高杠杆和沉重债务负担可能使消费和投资增长承压。据国际货币基金组织（IMF）统计，截至2018年10月，全球公共与私人债务已经达到创纪录的182万亿美元，比2007年金融危机爆发时高出约60％。

面对全球性公共风险，必须树立全球治理理念，建立全球治理体系。全球化是不以人的意志为转移的不可逆的进程和趋势。全球化过程不可避免，不确定性因素增加也是无法控制的。因此，只有提高全球化过程中的应对不确定性的公共风险理性水平，才能防范和化解全球公共风险，达到治理全球公共风险的目的。防范和化解全球公共风险的全球治理需要全世界各个国家共同参与。全球公共风险威胁整个人类的安全，公共风险的防范和化解突破了单一国家所能控制的界限和范围。面对国际事务与国内事务、内部风险与全球风险的相互交错和难以区分的现实，必须跨越有形的国界，借助国际社会共同的力量，提高人类对全球化过程中不确定性的认知能力（知识）、集体行动的能力，以及制度的有效性，形成全球治理有效的制度安排。

然而，面对全球风险的冲击，一些西方国家不是想着如何防范和化解全球风险，而是想着怎么把风险转移出去。一些政客"保护主义"大行其道，大搞特搞自己国家优先。只要认为不符合自己国家优先的情况，就处处与世界为敌，对其他国家发难，甚至连老"盟友"都不放过。为了搞自己国家优先，置国际义务和责任于不顾，在国际机构和协议中大规模"退群"，如退出《巴黎气候变化协定》《全球移民协议》《维也纳外交关系公约》和"联合国教科文组织""联合国人权理事会""万国邮政联盟"等。还威胁退出"世界贸易组织"（WTO）。这些可都是老牌国际组织或国际协议，这些组织和协议对于维护世界和平与公平秩序、防范全球风险具有十分重要的意义。特别是退出《中导条约》，将世界带入极其危险的境地。以上说明保护主义者的目标并不只是针对某一个国家，他的一切做法都是为了实现少数人政治目标的"保护主义"，即搞所谓"国家优先"，置全世界的安危于不顾。这些保护主义者搞"国家优先"战略和贸易保护主义大行其道等，都是试图将风险转移给其他国家的表现。全球风险的分担机制变成风险的"互害"机制，使得全球风险呈几何级数放大。

（三）树立不确定性思维

长久以来，哲学社会科学的世界观与自然科学的世界观是一样的，认为人类社会实践是客观的，人虽然有主观能动性，可以有目的地去影响人类社会实践，但社会发展与自然界一样，是有规律可循的。这点在经济学领域表现较为突出，经典力学确定性世界观一度支配经济理论的发展，大多数的传统经济学理论总是把确定性当作前提，并在经济分析中把所有的不确定性因素都屏蔽掉。① 直到奈特在《风险、不确定性和利润》中引入不确定性后经济学界才开始正视不确定性，就此开启不确定性在经济学中的理论拓展。奈特就不确定性和风险作出明确的界定，并讨论了人们就不确定性可能产生的反应及处理方式，推动了 1950 年以后对不确定性的经济学研究。凯恩斯则在奈特之后系统研究了不确定性，并认为经济行为是受不确定性和不可决定性支配的。凯恩斯在《就业、利息和货币通论》中对新古典经济理论进行批判时强调指出："人类行为影响着未来，不管是个人行为、经济行为还是政治行为。但是，人类行为不可能依赖于严格的数学预期，因为这种计算的基础并不存在。"② 过去的半个世纪里，不确定性对经济学影响尤为强烈，不确定性世界观比确定性的假设更加符合经济现实。

过去几十年中自然学科中的不确定性思想一直在向社会科学领域渗透。爱因斯坦提出的随机游走概念直接推动投机市场期权定价模型诞生；马约拉纳发表关于物理和社会科学统计法的基本类比的论文后，大量与经济学相关的论文在物理、数学期刊上发表；混沌学作为一门新兴科学甚至进入了音乐、美术等艺术领域，取得了一些价值很高的应用成果。③在这里，不确定性思想不仅是描述微观世界的一种方式，而且成为替代人类直觉，能够洞察世界的理论工具。同样也使人们加强对社会问题的认识。

世界是不确定性的，在风险社会之前这一命题还不是很突出，但进入风险社会之后则变得明显。风险社会的不确定性体现为：首先，社会系统内生的不确定性占据主导。在风险社会，一切都是为了人而服务，这

---

① 参见汪浩瀚：《不确定性理论：现代宏观经济分析的基石》，《财经研究》2002 年第 12 期。
② ［英］凯恩斯：《就业、利息和货币通论》，李欣全译，北京联合出版公司 2015 年版，第 269 页。
③ 参见周金勇：《混沌时间序列预测模型研究》，武汉理工大学硕士学位论文，2009 年。

种中心的改变带来巨大的不确定性。风险不再全部是受自然影响的、外源的，社会发展进程中滋生的风险已远远超过自然带来的威胁。如何应对社会系统的不确定性是风险社会的主题。其次，局部风险可能迅速蔓延为整体风险。在风险社会，风险成为一种网状结构，每个人都是风险网上的一个点。信息化与网络化将每个人距离无限拉近，个体的行为产生层层波澜向社会各面传开，这些因果链中的一部分将反馈到他人身上，最终波及自身，你中有我，我中有你，局部的风险足够导致系统性瘫痪。

从风险社会角度来看，风险是"经济、社会的稳定与发展受到损害的一种可能性"[①]，它与危机发生的可能性相关，是不确定的事件。防范风险即防止不确定的事件转化为确定的负面结果。社会治理结构为社会生产与生存服务，当制度无法满足生产力与生产关系的良性互动和足够的张力，就有可能产生风险。从社会治理结构与风险的关系的角度，我们认为风险社会的不确定性是社会治理结构内生的不确定性。风险社会治理结构的脆弱性体现为社会治理结构与不确定性存在不匹配关系：一是社会系统的管理与制度不足，无法提供足够的力量来应对本应可以解决的风险；二是社会机构因被迫吸收和承担不断增加的风险，变得臃肿低效，产生新的风险；三是复杂的社会制度削弱了集体行为应对风险的努力，这意味着现代化风险的来源不再是无知而是已知，不再是因为对自然缺乏控制而是控制太多了。就如 2013 年诺贝尔经济学奖得主彼得·汉森所说的那样："设计的规则越是复杂而难以理解，它越可能会成为新的不确定性的来源。这对我们的经济可能造成新的伤害。"[②]

[①] 刘尚希：《财政风险：一个分析框架》，《经济研究》2003 年第 5 期。

[②] 转引自王宇：《太过复杂的监管规则会扼杀经济活力》，《当代金融家》2016 年第 5 期。

（四）从防范化解公共风险角度认识国家治理要求

风险社会的基本特征就是不确定性。这种不确定性不是体现在某个领域、某个方面，而是体现在国家发展的不确定性，以及全球发展的不确定性。如果世界本来就是不确定的，我们的发展就需要为国家和人类文明构建出一种确定性。在风险社会这个大背景下，财政政策的使命就应当是公共风险管理。风险是分层次的，有个体的风险、市场的风险，对于国家发展来说，风险就应当是公共风险，公共风险如何防范，如何化解，从而降低社会面临的不确定性，这需要靠制度，也需要靠政策。政策多从短期角度考虑问题，制度更多从战略上解决问题。

近几十年来，人类社会所面临的不确定性和突发的风险都在加剧，正如德国社会学家乌尔里希·贝克所提出的"风险社会"，如何治理风险成了社会永恒的课题。在风险社会，科技发展和制度变革都有可能成为风险源。这些风险不断吞噬人类文明的努力成果，已掌握的力量落后于不断膨胀的风险。

风险是社会系统因突发行为而产生的变动。它的形成、酝酿、爆发同时由社会的不确定性程度所决定。不确定性是风险社会的本质所在，就如量子力学的根基是建立在不确定性上一样，社会是非线性、非因果决定论的，这决定了我们不可能预料到社会所有的突发因素。取暖器使用不当可能导致火灾，也可能导致人被烧伤，反过来说，导致火灾的原因可能是取暖器使用不当，也可能是乱扔烟头。不同的突发因素可能带来的风险并非一一对应，不能一概而论，这一特点使得风险与突发因素的情况变得复杂。在此情况下，扑灭取暖器上的火源是有必要的，但以更宽的时间跨度来看，难以保证每次都能及时且有效地扑灭火源，唯一能够长久的措施是通过强化和创新制度实行动态的"不变应万变"，即通过制度创新注入确定性。在一个复杂、不确定的环境中，防止系统性风险的唯一的安全方式是对整个社会系统的结构治理，而不是在单个时间点采取行动。就如在避免沙堆崩塌的风险时，对每粒沙的尺寸和形状设置限制没有意义，而采取措施重塑沙堆本身的结构，才有可能在一定程度上为沙堆注入确定性。社会应对风险确实要面对诸多突发因素的挑战，也要正确及时地处理各种风险，这仅仅是"治标"。但唯有强化治理结构，不断注入确定性，才能有效避免突发因素形成风险，在一定范围内保持稳定。

社会治理结构为集体行动不断创造着可能性，通过集体努力向社会注入确定性，对冲不确定性，化解风险。随着外部环境变迁，社会机构和制度日益庞大与复杂，运用制度对抗自然的副作用开始显现，社会成员的集体努力被制度本身剥夺。社会系统因接连爆发的危机而无序滋长，应对危机的能力愈发地下降，以致威胁到部分或整个社会的正常运转。复杂升级的体系应对风险的反应能力和效率降低，维护体系吞噬了巨大的集体努力，系统内部利益冲突激化到无法腾出足够的精力应付风险。

随工业社会以来的科技进步，急速提升的集体力量为整个社会系统注入新的确定性，某种程度上掩盖了社会治理体系劣化带来的风险。我们沉溺在以往治理的手段已足够应付未来一切风险的乐观中。然而，这种乐观的看法正在被打破，风险社会的不确定性高涨盖过确定性的集体努力，让世人见证了诸如金融危机、超级病毒、政权腐败等社会风险的威力。历史学家认为在社会文明发展的不同阶段，会出现一个普通化的过程。人们会借助制度与治理手段相互协调，共同应对各种突发风险。直到现有社会治理体系无法再平息错综复杂的危机，这个社会就开始走上分崩离析的道路。迈入新阶段的社会，唯有不断适应、更新治理思维与手段，才能应对每一次面临的新危机。

党的十八届三中全会将国家治理作为全面深化改革的总目标提出，却未作出明确的解释，特别是国家治理的本质，学术界就此问题进行了不同角度的研究。有专家认为，现代国家治理体系是一个有机、协调、动态和整体的制度运行系统。① 也有专家从政治系统论的角度研究国家治理，强调国家治理的价值目标是国家的基本秩序和稳定，发展国民经济和提供公共服务。② 国家治理体系的核心同样是设计一组激励相容的合约，来确保政治家和官员要基于公民共同体的利益行事。③

以上从宏观、微观层面对国家治理给出不同的看法。不同观点之间遵循理论基础不同，分析方式也各有差异，最终得出的国家治理目的殊途同归。无论是"引导、组织、协调的活动""维护政治秩序……提供公共服务"，还是"实现社会管理规则和政策的良善性"，都显露出对秩序的追求，而追求秩序是追求确定性的理性化表达。

在风险社会，任何一个社会领域都有引发公共风险的可能，各种风险交织、联系，涉及的层面与影响程度大大超过传统意义上的灾难。而这一风险往往是个人无法应对的，人与人相互关联，无人能置身事外。因此，运用集体的力量，在国家的层面统筹治理，通过优化和完善国家治理结构，不断注入确定性，防范和化解公共风险，实现国家进步和长治久安以及人民和谐幸福，这是国家治理的本质所在。

国家治理面临复杂多变的社会环境，实现善治与良治离不开对国家治理本质上的把握。国家治理的本质是公共风险治理，而治理风险通过注入确定性实现，为社会注入确定性等同于治理风险。通过完善国家治理结构，为社会注入确定性，从而降低社会的不确定性，实现治理公共风险的目标。

从这个角度来看，国家治理的路径应为：认知不确定性—注入确定性—再次认知不确定性。国家治理的起点应是认知不确定性。认知不确

---

① 参见俞可平：《推进国家治理体系和治理能力现代化》，《前线》2014 年第 1 期。
② 参见徐湘林：《"国家治理"的理论内涵》，《人民论坛》2014 年第 10 期。
③ 参见包刚升：《国家治理与政治学实证研究》，《学术月刊》2014 年第 7 期。

定性不可能消除不确定性，但可以增进不确定性的认知，可能减少不确定性。

二、现代财政的基本功能：融合公平与效率

（一）公共风险大小取决于公平与效率融合的程度

治理效能要看公共风险大小，公共风险大小取决于公平与效率融合的程度，融合必须通过现代财政来实现。

公平与效率冲突的理论，过去我们一直当作理所当然，现在从以人民为中心的发展思想出发，我们终于明白，两者实际上是统一的和融合的。以人民为中心的发展思想也告诉我们如何实现经济社会和财政的可持续发展。当前我们要防范化解各种重大风险，如何应对，也必须从人的角度看问题，切实将目标和手段定位于发展为了人、发展依靠人，这样才能避免社会的异化，才能在终极目标上防范重大风险。如果发展不能落到人身上来，发展的目标发生异化，人变成金钱的奴隶，而不能成为金钱的主人，则人的精神物质化了，精神世界荒芜了，就没有幸福感可言，社会也就不能进步。所以，财政理论如何创新，财政教育如何创新，都要回到以人民为中心的发展思想上来探讨。

在资本逻辑下，由于马太效应的存在，人与人之间的能力鸿沟无法缩小，公平与效率是冲突的。在资本逻辑之下，通过转移性支出的方式给低收入者一些基本的保障，并不能提高低收入的能力。结果上拉平一点，但在起点上永远都是不公平的。在这种情况下，如果要让这些低收入者享受更多的发展成果，那就只能限高补低，这就会影响富人的积极性。所以，公平与效率在资本逻辑下就形成一种冲突。

在人民逻辑下，公平与效率是融合的。要把公平和效率融合起来，只有以人民为中心的发展才能做到这一点。发展是为了人民，这是目标；发展依靠人民，这是手段，手段和目标统一起来了，效率与公平也就统一起来了。人的能力提升，发展的后劲就会增强，人力资本更多，发展质量也更高。公平不仅体现在结果上，更重要的是机会的公平，而机会的公平取决于人的能力。如果有能力鸿沟，一群人能力很低，一群人能力很高，这种能力的鸿沟导致机会的不公平，那结果自然就不公平。发展依靠人民，转化到经济学上就是积累人力资本，积累更高质量的人力资本。中国过去的发展靠人口红利，也可以说是靠人力资本，但现在人口的数量红利没有了，就必须有更高质量的人力资本。虽然我国国民教育平均年限不断提高，但与发达国家相比仍有差距。发展要依靠人民，首先要强化高质量人力资本积累，形成人力资本积累与经济发展的良性循环。个人与政府共同努力，人力资本的积累就会质量更高，而且会更加公平。教育、医疗、社会保障这些问题都与人力资本积累关联。所以，我们说发展为了人民，发展依靠人民，跟经济学实际是紧密联系在一起的。传统的发展经济学强调积累资本，讲的是积累物质资本。过去，靠物质资本的积累来推动发展，但经济起飞以后，怎么飞得更高，发展经济学没有给出答案。很显然我们现在再靠物质资本推动发展、靠资源要素的投入推动发展已经不可持续，因为资源是有限的，尤其是不可再生资源有限。也就是说，依靠物质资源的投入，发展已经走到尽头，现在需要真正转向依靠人民来发展，依靠人民的创造力，即依靠知识、技术、创新，才能发展。

过去我们往往把效率和公平分开来说，认为效率和公平之间不可融合，认为追求效率就会有损公平，追求公平就会有损效率。现在，我们明白了，只要转到人民逻辑上来，只要转到人身上来，只要围绕人来做文章，效率和公平就可以实现统一和融合。

（二）公平与效率通过现代财政实现融合

社会主义市场经济是我国制度优势在经济方面的体现，既体现了市场经济的效率，又体现了社会主义的公平，实现效率与公平的融合，而财政在其中发挥重要作用。通过统一、规范的税收制度安排，实现市场主体的公平竞争，促进效率提升，同时通过财政支出制度安排实现区域、城乡以及社会群体之间的公平。通过国有企业资本收益上缴制度、国有企业作为就业"蓄水池"的制度及"集中财力办大事"等体制机制，将我国坚持公有制为主体、多种所有制经济共同发展和按劳分配为主体、多种分配方式并存的制度优势转化为国家治理效能，促进我国社会主义公平目标的实现，有利于国家的稳定发展，为改革创造环境，提供机遇，进而提升国家治理效能。

公平与效率融合，通过财政来实现。财政一方面连着效率，另一方面连着公平，只有财政能够将公平与效率融合起来，如图 1-1 所示。那么如何实现融合呢？这也要与以人民为中心的发展思想结合起来。财政只有着眼于提高人的能力，将人与人之间的能力鸿沟缩小，既能提升效率，又能促进公平。财政在促进社会的公平方面可以发挥巨大作用，因为财政直接促进能力公平。财政可以更多地在人身上做文章。财政通过提供公共服

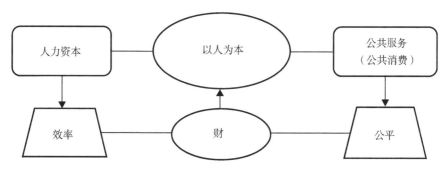

图 1-1 以人为本的财政融合公平与效率

45

务，也就是公共消费，可以转换成人力资本。有了更雄厚的人力资本，我们的发展后劲就更强了，创新创业就有了基础。所以，民生财政实际上体现的是人民逻辑，而人民逻辑蕴含着手段与目的的统一、公平与效率的融合。

财政理念要从促进物的生产再生产转向促进人的生产再生产。马克思提到两个生产的问题，一个是物的生产，另一个是人的生产。我们谈经济建设，更多地强调物的生产，而对消费特别是公共消费并不重视，以为消费就是纯粹的消耗，而没把消费当成人的生产过程。这种观念需要转变。私人消费和公共消费都会转化成另一种资本，即人力资本。人或人民群众，既是发展的目的，也是发展的力量。

以人为本的财政实际上就与以人民为中心的发展思想从逻辑上关联起来了。以人民为中心的发展思想在财政上的体现，就是以人为本的财政，也是发展为了人民、发展依靠人民的民生财政。讲到民生，很多人将它与福利的概念等同起来。其实，民生不能理解成一个福利的概念，民生财政的核心是强调从物转到人，意味着财政的大转型，财政要立足于促进人自身的发展。因为经济的发展、社会的发展，最终都是为了人自身的发展。人自身的发展内涵非常丰富，包括人的身体素质越来越好，文化素质越来越高，劳动技能越来越强，精神境界和道德水准各方面都越来越高。以人为本的财政，围绕这些方面做文章，也就体现了发展是为了人、发展是依靠人的思想。所以，以人为本的财政与以人民为中心的发展思想是一致的。

从财政的角度来看，我们的理念就要发生变化。体现在财政支出结构上，用于资本性、经济性的支出就应当越来越少了，而用于社会性的支出，即用于"人"的支出或民生的支出越来越多。在现实中，我们用于教育、医疗、社会保障等与人自身发展直接相关方面的支出越来越多，具体来说就是社会性的支出在财政支出中的占比是不断上升的。这并不是我们传统意义上所理解的政府要提供更多的福利，而是我们要有更多公共消费。因为公共消费最终都体现为提升人的能力，实际上就是人的生产和再生产。

"坚持以人民为中心的发展思想，不断保障和改善民生、增进人民福祉，走共同富裕道路"是我国显著制度优势之一，财政恰恰可将该制度优势转化为国家治理效能。

三、现代财政定位的新坐标：三维模型

（一）国家治理三维模型

从国家的角度来看，社会利益主体的多元化催生了国家治理。提出"国家治理"这个概念，是对国家的一种新认识、新理解。统治和被统治、管理和被管理，是传统国家理论的基本认识框架。在这种认识框架中，其中的主体相对来说是单一的，公共利益与个体（集团）利益关系也相对简单。而随着国家发展到今天，各种关系日趋复杂，仅仅依靠传统的统治、管理方式已经不相适应，需要一种新的国家结构来包容越来越复杂的利益关系，协调越来越多的各种利益冲突，尤其是公共利益与个人利益之间的协调就变得至关重要。否则，国家发展和社会文明进步可能停滞，甚至倒退。为防范化解这种公共风险，一种新的国家结构就应运而生，表现为国家治理结构或国家治理体系。

从理论与实践结合的角度来看，国家治理是多元主体共同治理，必须基于社会共同体的理念。多元利益主体的形成实际上是历史进化的过程。利益主体过去主要表现为两个阶级，即统治阶级和被统治阶级，利益关系也主要是两者之间的利益关系。现在再用阶级分析的思维来看社会和国家

已经不合时宜，应当承认一个社会共同体中存在各种不同的利益。这在现实生活中就表现为多元的利益主体，比如有国家、企业、居民，有城市、乡村，有不同的区域，还有中央、地方，诸如此类。但无论有多少利益主体，基于社会共同体的公共利益始终存在。要协调多元利益主体之间的利益关系，使多元主体的利益关系和冲突不危害公共利益，就需要一种能够包容的治理结构，规范多元主体的权责、利益和行为。

在参与治理的众多主体中，国家是一个核心的主体。在不同的历史时期，参与主体是不一样的，构成不同的国家治理结构。国家结构的这种变化，从更深层次的动因来分析，是公共风险导致的。利益主体越多元，社会就变得越复杂，内生的不确定性和公共风险就会越大，就越有可能危害整体的发展。利益主体之间是相互竞争博弈的，这就需要找到一种有效的解决方式不至于让这个社会共同体在竞争博弈中崩溃。这种解决方式只能是用一种包容性的国家结构去替换传统的排斥性的国家结构，共同治理的理念由此形成。这种治理理念的形成，以及新型国家结构的产生，其背后的原因是社会共同体内部产生的公共风险。追求善治，也就是追求公共风险的最小化，保证国家发展和文明进步的可持续，这是最大的公共利益。今天强调治理，其实是强调我们处于一个社会共同体之中，在同一艘船上，比任何时候都需要同舟共济，使多元利益主体之间的竞争博弈转化为发展的合力——动力，而不是转化为导致共同体停滞的斥力——阻力。无论是全球治理，还是国家治理，在这一点上是相通的。从中不难看出，治理和公共性是内在关联的，治理的对象都是基于社会共同体的公共性问题。

在国家治理复杂的利益关系中，可以抽出三条主线：一是国家与市场（企业）的关系。过去40多年的改革主要在这方面做文章，放权让利，让企业成为独立利益主体，成效显著。但改革任务仍未完成，计划经济的惯性依然存在。二是国家与社会（个人）的关系。通过社会保障和公共服务改革，调整国家与社会的关系，过去我们一直在做，但并非焦点问题，未来这一问题越来越重要，也必将成为治理改革不可或缺的部分。三是中央与地方（城乡区域）的关系。这是过去一直想解决但未能解决的难题，对于一个巨大的单一制国家来说，处理好中央与地方的关系非常重要，但又是极难的问题。这三条主线构成新时期国家治理的三个维度。

如果把这三个维度画成一个几何图形，就构建为一个立体的坐标，国家与市场构成一个维度，国家与社会构成一个维度，中央与地方构成一个维度。三个维度构成一个有机的整体，形成国家治理的模型，也构成新时期的国家治理结构。对于抽象的社会共同体，我们可以从这里找到现实的感觉。作为全面深化改革的目标，国家治理体系的现代化，也就主要体现在这三个方面关系的调适状态及其相互协调性。缺少任意一个方面，都谈不上国家治理体系的现代化。

把上述三个维度综合起来看，全面深化改革实际上是国家治理的改革，目标就是形成一个现代化的国家治理体系或国家治理结构。若以综合的方法从整体来观察，国家治理改革就不仅仅是经济改革，也不仅仅是社会、文化的改革，而是涉及各个领域、各个方面的整个国家治理结构的改革。相对于过去较为单一性的经济改革，当前这种综合性的改革可简称为"治理改革"。治理改革是系统重构，不是修修补补，而是要搭建一个以前不曾有的新的体制框架——具有包容开放特点的国家治理结构。

从经济分权到全面分权改革。国家治理的概念尽管是党的十八届三中全会才正式提出的，但国家治理改革的实践却早已存在。从三维治理结构这个框架来观察过去 40 多年的改革，以市场化为导向的经济改革无疑是国家治理改革的一个重要维度，即便当时没有明确提出，历史却把它纳入国家治理改革之中。

从历史演进逻辑来看，昨天的治理改革是自发的，而今天的治理改革则是自觉的。再往前看，20 世纪 90 年代市场化改革的自觉，也是以之前十多年的探索为铺垫。当今的治理改革，依然没有改变过去改革的基本方向——分权。就此而言，中国改革的基本逻辑依然没有改变，只不过从经济分权转向了更广泛的全面分权改革，这就是治理改革的基本内涵，即向市场分权、向社会分权和向地方分权。

一是经济维度的改革。我国的改革开放，最开始就是国家与市场维度的分权，属于经济性分权，即让市场从发挥更大的作用，到发挥基础性的作用，再到现在提出的发挥决定性作用。很显然，经济性分权改革还得继续，并成为当前改革重点之一。改革之艰难由此可见一斑。不过，从计划体制下的放权，到市场体制下的分权，再到当前国家治理框架下的分权，国家与市场关系的内涵也发生了变化。这不仅是市场（企业）主体地位的形成，而且是国家与市场的关系从对立走向分工与合作。在国家治理框架下的向市场分权，不是否定国家的作用，而是通过进一步的经济性分权让国家与市场形成最大的发展合力。

二是社会维度的改革。国家治理结构的改革，除了经济的维度，还有社会的维度。当前的改革已经触及国家与社会的关系，这种属于社会性分权的改革，也可简称为"社会改革"。如果说经济改革是经济的再组织化，那么，社会改革也是社会的再组织化，是一种重构。当前我国的教育、医疗和社会保障等各方面的改革也都在开展，但并没有形成统一的社会改革框架，没有统筹考虑。

三是中央与地方关系维度的改革。按照过去的理解，向地方分权改革，就是要建立两级治理架构。从我国宪法和历史传承来看，纵向的国家治理结构应是中央、地方两级，这与我们时常提到的五级政府是不同的概念。国家的公共权力不是均匀地在各级政府之间划分，有些权力只在中央与地方之间划分，也就是说，在地方省市县乡之间不能再继续划分。从治理的角度来看，我国的两级分权与以美国为代表的联邦制国家是不一样的。美国实际上比我们多了一层分权，即政治性分权。就是说美国联邦和州之间是平起平坐的关系，都有主权，是双主权体制，各自有制定宪法、法律的权力，州在不违背联邦宪法、法律条件下可自行制定宪法和法律。我们作为单一制国家，没有政治性分权。与之对应，我国中央与地方之间的分权是行政性分权。

（二）现代财政在三维模型中的定位

鉴于财政对于国家治理基础性和重要性的作用，以及当前为实现国家治理现代化而进行的全面深化改革这一大背景，构建现代财政需以国家治理的三个维度作为参照系，全方位推动财政与市场关系改革、财政与社会关系改革，以及中央与地方关系改革，如图 1-2 所示。

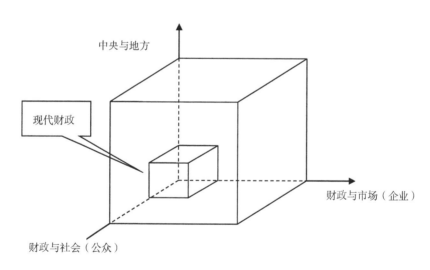

图 1-2　现代财政在国家治理三维模型中的定位

第一，从经济维度来看，财政与市场的关系是主脉，关键词是"效率"。在这个维度，相对于市场作用领域而言，形成了公共领域，也就有了公共财政。作为过去财税改革导向的"公共财政"，就是在经济市场化改革的基础上形成的对财政的认识。这个改革导向就是为了让政府财政从市场领域退出来，为市场开辟道路，让市场更多地发挥作用，也就是为市场化创造条件。经济维度的改革形成了公共财政理论，维护市场，其目的是为了促进经济增长，做大经济蛋糕。

第二，从社会维度来观察，财政与社会的关系是主脉，关键词是"公平"。相对于社会可以发挥作用而言，就是要让公众更多地参与财政抉择，让公众参与到涉及社会关系的财政资源分配中。一些地方正在探索，怎么让公众来参与财政决策，比如温岭、焦作都在尝试。提升财政透明度，实际上也是一种公众的参与。

第三，从中央与地方维度来观察，集权与分权的关系是主脉，关键词是"适度"。这是公共部门内部的纵向关系，对应的财政模式应是"分级财政"。分级治理与分级财政需要保持内在的一致性，不能错位。事权与支出责任相匹配，就是这个要求的具体化。国家治理对应的是国家财政，而地方治理对应的是地方财政。

第四，从立体的角度整体来把握，公共利益与个人利益的关系是主脉，关键词是"包容"。全球倡导的包容性增长、普惠性金融，其实不仅仅是为了社会公平，而是需要公共利益与个人利益的相互包容。与此对应的财政模式应当是"民生财政"，也就是以人为本的财政，它不是以追求物质财富增长为目的，而是为了人的自由全面发展。实现包容性的根本途径是树立共同体理念，即"共建、共担、共享"。

每一个维度在不同的时期侧重于不同的方面，就形成了不同的财政改革的导向，实际上也形成了不同的财政模式。在当前国家治理的背景下，应树立一种以人为本的民生财政理念。当然，这个民生财政与我们日常所讲的民生支出、民生工程是不一样的。此处的民生财政是一种价值观，在这种价值观的指引下，财政的出发点和落脚点不是促进物质财富的增长，而是最终要落到人的发展上来。财政所有的支出都应当直接或间接地有利于民生，促进人的发展。

四、财税体制改革：现代财政制度构建的过程

推进财税体制改革、构建现代财政要将公共风险思维贯彻全过程，以公共风险思维设计财税体制改革，选择公共风险最小的改革路径，并以公共风险作为检验改革的标准，如图 1-3 所示。

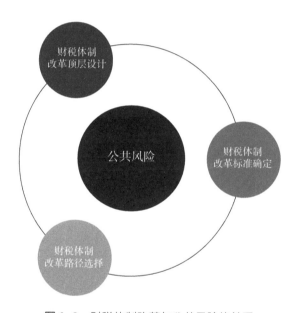

图 1-3 财税体制改革与公共风险的关系

（一）以公共风险思维设计财税体制改革

历史上的财政改革，所要直接解决的问题是当时的政府财政危机，但财政危机背后是经济、政治制度无法与当时社会相匹配，而非单纯的财政问题，是公共风险的问题，是国家治理的问题。因此，财政改革是社会制度变迁的起点，逐渐向其他引发财政问题的根源领域延伸，与社会其他方面的改革配合，实现整体改善。因此，财政是国家治理变革的"发动机"，

财政改革进程决定了国家治理结构的变迁。财政具有公共性，渗透于政治、经济和社会生活的各个层面、各个环节。为解决我国发展中的不确定性，化解公共风险，财税体制经历了一次又一次的改革。

第一，"家贫国穷"的风险逼出了财政分权改革。改革开放初期，中国面临着"家贫国穷"的公共风险，相应财政改革重点是为要追求效率与增长而进行的改革，努力做大"蛋糕"，"建设财政"向"公共财政"转变。首先，生存危机是改革开放初期面临的最大的公共风险。计划经济体制下，我们通过集中财力支持工业化，取得了很大的成就，但也存在一个很大的问题，就是温饱问题没有得到解决，经济运行效率也比较低下。一个很重要的原因就是统得过多和对物质利益原则的限制对经济发展形成了很大的制约。在此背景下，财政率先改革突围，通过放权和分权，充分发挥物质利益原则，调动一切积极性搞经济建设。同时着力打造市场主体，给市场主体分权，这样企业才能实现自我发展，自负盈亏，真正成为一个市场主体。从放权到分权，这是一个大的跨越。在 20 世纪 80 年代初，放权经常出现一放就过头了，就乱了，乱了就得收，一收就死，死了以后又放，陷入"收、放、死、乱"的循环之中。搞市场经济终于令我们明白，这时候不能采取放风筝的办法，而是必须确立微观主体，给它分权。同时要调动地方积极性，也要分权，所以这时候就有了经济性分权和行政性分权，利益主体就多元化了。

第二，"机会不均"的公共风险推动权利和权力的治理。在新的背景下，经济高度发展，但社会层面的改革相对滞后，各种由于"机会不均"导致的社会矛盾问题日益突出，倒逼财政改革从"放权""分权"，走向"治权"。首先是突破"所有制财政"。财政要力求"一碗水端平"，所以要统一税制，所有市场主体在市场上公平竞争，而劳动者作为市场主体，不论在什么样的所有制企业里就业，财政上都应当是同等待遇。其次是融合"城市财政"和"农村财政"。城乡分治导致二元经济结构、二元社会结构和二元财政结构，并形成一个相互嵌套的体系，在市场化改革过程中，二元状态一点一点被突破。到20世纪90年代，财政不能再局限于城市财政，在农村也要考虑到给予相应的阳光雨露。"让公共财政的阳光普照农村"和"基本公共服务均等化"就是在这一背景下提出来的。最后是从静态的思维转向动态的思维，从局限于一个地域的范围考虑公共服务提供转向从人的角度考虑公共服务的提供，这就对财政与国家治理体系的完善提出了更高的要求。

第三，公权风险和全球公共风险引领我国未来财税体制改革。首先，约束公权引领我国财税体制改革走向"法治财政"。各种腐败问题的产生，一个根本的原因是财政制度这个"笼子"没有打造好。不仅预算资金的使用不规范，还涉及大量国有资产、国有资源，在市场化的过程中被私人侵占。财政制度这个"笼子"同时是可以约束公权的，可以简单地说，公款是可以约束公权的。比如说预算，安排的是公款，预算须经全国人民代表大会批准，批准了以后才能执行，如果政府随意地收与支，意味着没有得到法律的授权，是非法的。所以，从预算的批准、执行来看，一个政府的规模和政府部门活动的范围，其实是可以利用公款来约束的。从世界上治理腐败的经验来看，财政制度这个"笼子"是极其重要的。要有效约束公权，必须打造好财政制度这个"笼子"，建立法治财政，这就是治理公权。其次，全球公共风险引领大国财政改革。随着全球化时代的到来，风险全球化特征也逐渐显现，大国财政的作用逐渐凸显。全球化使地球变成一个"风险共同体"。在"地球村"，大家在时空上压缩在一起，同时"地球村"也面临一个共同的风险，这也意味着全球公共风险越来越成为我们不能忽视的问题。这种背景倒逼我们建立大国财政框架，着眼于全球来配置风险，化解人类面临的共同风险，维护国家安全发展。

（二）以公共风险最小化来选择改革路径

财政改革牵一发而动全身，利益攸关。所以，改革的方法和路径选择很重要。以公共风险最小化为目标，应选择行为主义的改革路径，追求集体行为的确定性和公共风险的最小化，保证国家发展和文明进步的可持续，这是最大的公共利益。在行为主义视角下，财政不是基于个体行为，而是基于集体行为的逻辑。财政行为的演变决定了制度的变迁，也决定了权力的变迁，推动了社会共同体形态的演变。

财税体制改革，应更加关注政府应对公共风险的不确定性行为，站在行为主义的角度分析行为不确定性的来源，确立行为主义的财税体制改革模式。通过优化政府治理体系，明确界定风险责任、更加有效地识别和预警公共风险、更多地利用市场和社会的力量协同治理公共风险，通过分散风险、共担风险、转移与转化风险，适当减少政府应对公共风险的责任，才是财税体制改革之道。

行为主义并不排斥和否认制度设计，而是要在行为主义指引下进行制度设计，建立激励相容机制。把激励搞对，让行为与公共目标自动一致，这样的制度才有效，即构建确定性。

构建现代财政制度必须体现风险思维。现代财政制度是我们改革的目标。改革既要体现目标导向，又要体现问题导向，能把目标导向和问题导向统一起来的是风险导向。风险导向既包括目标导向，也包括问题导向。风险思维是一种虚拟思维，它是一种虚拟现实，而虚拟现实能突破实体现实的限制。我们的思维在实体现实当中会遇到各种各样的限制和束缚，但是一旦进入虚拟现实，思维就会无限宽广，各种各样创新想法就会源源不断出来。

（三）以公共风险状态作为判断改革成败的标准

任何改革实质上都是风险的重新分配，重新分配的规则必然影响各个主体的行为，而这种对行为的影响，在大多数情况下，只有战略大方向，很难事先设计好一个确定的路径，"试点"是中国改革的基本方法。中国的财政体制改革也是基于不确定性思维，依据现实中的风险类型、风险程度而改革。西方国家一般是先立法（即先有制度），再改革，中国是"摸着石头过河"，先改革，后立法规范。中国的财政体制改革，就是在不断"试错"的过程中，实现新制度对旧制度的逐渐替代。

在后工业化时代，技术进步、全球化等因素改变了人类社会的生存逻辑，风险分配成为一种主要逻辑。如果仍然按照传统社会的财富分配逻辑来指导经济社会发展，忽视现代社会的风险分配逻辑，必然导致经济危机、政治冲突、环境污染、生态失衡等全球性风险进一步强化，最终使人类文明在财富分配的逻辑中迷失自我。现代社会中，日益增加和转化的公共风险越来越成为人类效率与福利追求的阻碍，人类效率与福利追求本身也造成了越来越多的公共风险。公共风险的演变也遵循量变到质变的过程，一旦公共风险积聚，达到临界点后爆发，就会对人类的生存和发展造成致命的影响。核能的利用大大提高了人类利用自然资源的效率，但如果忽视潜在的核泄漏和核污染风险，一旦爆发，就会酿成严重的生态与生存危机。例如，在处理政府间财政关系方面，传统的事权划分三原则是基于工业化时代的经济理论与实践形成的，是与工业化时代的效率与福利追求相匹配的，与日趋进步的现代社会差距越来越大，突出表现为其对公共风险的忽视。利益之所在，风险之所在，是市场经济的普遍规律。效率、福利在一定程度上与风险成正比，追求效率意味着在更高层次的不确定性中决策，追求福利意味着风险偏好的升级，基于效率和福利原则的事权划分，也需要考虑到更多的风险责任安排。

　　国家治理的复杂性意味着，在政府间财政关系改革中既要考虑传统的效率因素，也要结合我国国情，更加突出"公共风险"的因素，把公共风险最小化作为政府间财政关系改革中"效率"与"公平"相统一的基点。近年来，我国在公共产品供给中出现的新现象，如供给主体多元化、PPP模式、政府购买服务等，在传统理论框架下难以得到充分解释。引入市场机构、社会组织参与公共产品供给，很大程度上是基于分散风险的要求。因此，现代国家治理背景下，要以公共风险作为判断改革的标准，以实现公共风险最小化为目标。

第二章　财税体制改革的主要进展和基本评价

"经过长期努力，中国特色社会主义进入了新时代，这是我国发展新的历史方位。"[①]党的十九大报告作出了"中国特色社会主义进入新时代"的重大判断，并作出"加快建立现代财政制度"的部署，既是中国特色社会主义进入新时代的必然要求，亦是在对党的十八届三中全会以来财税体制改革进程作出恰当评估的基础上作出的战略抉择。本章拟对党的十八大以来财税体制改革主要进展进行梳理，对改革成效作出评价，提出目前财税体制尚不完善的几个方面，为进一步完善财税体制改革把脉问诊。

一、中央和地方密集出台财税体制改革措施

（一）中央层面推进财税体制改革的主要进展

2013 年 11 月，党的十八届三中全会通过《中共中央关于全面深化改革若干重大问题的决定》，对新一轮财税体制改革作出战略部署，明确指出"财政是国家治理的基础和重要支柱"，强调科学的财税体制应具有"优化资源配置、维护市场统一、促进社会公平、实现国家长治久安"的功能。

---

① 习近平：《决胜全面建成小康社会　夺取新时代中国特色社会主义伟大胜利——在中国共产党第十九次全国代表大会上的报告》，人民出版社 2017 年版，第 10 页。

进一步指出新一轮财税体制改革的目标是建立现代财政制度，建立现代财政制度的重要内容是"完善立法、明确事权、改革税制、稳定税负、透明预算、提高效率"，并强调"发挥中央和地方两个积极性"是现代财政制度的必然要求。

2014 年 6 月，中共中央政治局审议通过《深化财税体制改革总体方案》（以下简称《总体方案》），标志着新一轮财税体制改革正式启动。《总体方案》从政府与市场、中央与地方、效率与公平、当前与长远等多方面考虑，既总体设计又分步实施，并统筹财税改革与其他经济、政治、社会改革的关系。

2017 年 10 月，党的十九大报告进一步提出，应加快建立现代财政制度，并强调建立权责清晰、财力协调、区域均衡的中央和地方财政关系，在预算制度方面，要求建立全面规范透明、标准科学、约束有力的预算制度，并全面实施预算绩效管理；在税收领域，要求深化税收制度改革，健全地方税体系。这优化和完善了改革顺序和具体要求，也使改革的目标更加清晰。

2019 年 10 月，党的十九届四中全会通过的《中共中央关于坚持和完善中国特色社会主义制度　推进国家治理体系和治理能力现代化若干重大问题的决定》，要求坚持和完善中国特色社会主义制度，明确了推进国家治理体系和治理能力现代化的战略方向，进一步强调把中国制度优势转化为国家治理效能，为实现"两个一百年"奋斗目标与中华民族伟大复兴的中国梦提供制度性保障。

第一，搭建现代预算制度主体框架。2014 年 8 月，全国人大修订了预算法，为深化财税体制改革全局奠定了法律基础。《中华人民共和国预算法》（以下简称新《预算法》）修订和完善的主要内容包括以下五项：以推进预算公开为核心，建立透明预算制度；研究清理规范重点支出挂钩事项；要求进一步完善转移支付制度，并加强预算执行管理；强调改进年度预算控制方式，建立跨年度平衡机制；进一步规范地方政府债务管理，并对税收优惠政策进行全面规范管理。新《预算法》的立法宗旨更加积极，坚持现代国家治理理念，按照国家治理体系和治理能力现代化的要求，着力推进预算管理的科学化、民主化、法治化。随后，国务院、财政部等陆续出台深化预算管理制度改革、实行中期财政规划管理、加强地方政府性债务管理、改革和完善中央对地方转移支付制度的意见和通知（见专栏 2-1）等，确保了修订后新法的贯彻实施。

专栏 2-1　｜新《预算法》贯彻实施的相关配套文件｜

1.《国务院关于深化预算管理制度改革的决定》（国发〔2014〕45 号）

2.《国务院关于加强地方政府性债务管理的意见》（国发〔2014〕43 号）

3.《国务院关于清理规范税收等优惠政策的通知》（国发〔2014〕62 号）

4.《国务院关于批转财政部权责发生制政府综合财务报告制度改革方案的通知》（国发〔2014〕63 号）

5.《国务院关于改革和完善中央对地方转移支付制度的意见》（国发〔2014〕71 号）

6.《国务院关于实行中期财政规划管理的意见》（国发〔2015〕3 号）

7.《财政部　民政部　工商总局关于印发〈政府购买服务管理办法（暂行）〉的通知》（财综〔2014〕96 号）

8.《财政部关于推广运用政府和社会资本合作模式有关问题的通知》（财金〔2014〕76 号）

9.《财政部关于专员办加强财政预算监管工作的通知》（财预〔2014〕352 号）

10.《财政部关于完善政府预算体系有关问题的通知》（财预〔2014〕368 号）

11.《财政部关于进一步规范地方国库资金和财政专户资金管理的通知》（财库〔2014〕175号）

12.《财政部　中国人民银行关于印发〈地方国库现金管理试点办法〉的通知》（财库〔2014〕183号）

13.《中共中央办公厅　国务院办公厅印发〈关于进一步推进预算公开工作的意见〉的通知》（中办发〔2016〕13号）

14.《国务院印发〈关于深化中央财政科技计划（专项、基金等）管理改革方案〉的通知》（国发〔2014〕64号）

15.《国务院关于完善出口退税负担机制有关问题的通知》（国发〔2015〕10号）

16.《国务院关于税收等优惠政策相关事项的通知》（国发〔2015〕25号）

17.《国务院关于印发推进财政资金统筹使用方案的通知》（国发〔2015〕35号）

18.《国务院办公厅关于进一步做好盘活财政存量资金工作的通知》（国办发〔2014〕70号）

19.《国务院办公厅转发财政部人民银行银监会关于妥善解决地方政府融资平台在建项目后续融资问题意见的通知》（国办发〔2015〕40号）

20.《国务院办公厅转发财政部发展改革委人民银行关于在公共服务领域推广政府和社会资本合作模式指导意见的通知》（国办发〔2015〕42号）

21.《国务院办公厅关于对国发〔2015〕25号文件贯彻落实情况进行专项督查的通知》（国办发明电〔2015〕10号）

22.《关于对地方政府债务实行限额管理的实施意见》（财预〔2015〕225号）

23.《财政部关于印发中央对地方专项转移支付管理办法的通知》（财预〔2015〕230号）

24.《关于印发〈中央国有资本经营预算管理暂行办法〉的通知》（财预〔2016〕6号）

25.《财政部关于印发〈政府非税收入管理办法〉的通知》（财税〔2016〕33号）

26.《关于印发〈地方政府一般债务预算管理办法〉的通知》（财预〔2016〕154号）

27.《关于印发〈地方政府专项债务预算管理办法〉的通知》（财预〔2016〕155号）

28.《关于印发〈中央国有资本经营预算支出管理暂行办法〉的通知》（财预〔2017〕32号）

29.《关于印发〈新增地方政府债务限额分配管理暂行办法〉的通知》（财预〔2017〕35号）

30.《财政部关于进一步加强财政部门和预算单位资金存放管理的指导意见》（财库〔2017〕76号）

31.《财政部关于进一步规范地方政府举债融资行为的通知》（财预〔2017〕50号）

32.《财政部　国土资源部关于印发〈地方政府土地储备专项债券管理办法（试行)〉的通知》（财预〔2017〕62号）

33.《财政部　交通运输部关于印发〈地方政府收费公路专项债券管理办法（试行)〉的通知》（财预〔2017〕97号）

34.《财政部关于印发〈地方预算执行动态监控工作督导考核办法〉的通知》（财库〔2017〕161号）

35.《财政部关于印发〈中央国有资本经营预算编报办法〉的通知》（财预〔2017〕133号）

36. 财政部、国务院扶贫办、国家发展改革委《扶贫项目资金绩效管理办法》（国办发〔2018〕35 号）

37.《国务院办公厅关于进一步调整优化结构提高教育经费使用效益的意见》（国办发〔2018〕82 号）

38.《财政部关于地方财政库款管理有关事项的通知》（财库〔2018〕22 号）

39.《财政部关于做好 2018 年地方政府债务管理工作的通知》（财预〔2018〕34 号）

40.《财政部关于印发〈预算稳定调节基金管理暂行办法〉的通知》（财预〔2018〕35 号）

41.《财政部关于加强地方预算执行管理加快支出进度的通知》（财预〔2018〕65 号）

42.《国家发展改革委　财政部关于完善市场约束机制严格防范外债风险和地方债务风险的通知》（发改外资〔2018〕706 号）

43.《国务院办公厅关于转发财政部、国务院扶贫办、国家发展改革委扶贫项目资金绩效管理办法的通知》（国办发〔2018〕35 号）

44.《财政部关于做好地方政府专项债券发行工作的意见》（财库〔2018〕72 号）

45.《财政部关于贯彻落实〈中共中央国务院关于全面实施预算绩效管理的意见〉的通知》（财预〔2018〕167 号）

46.《财政部关于印发〈地方政府债务信息公开办法（试行）〉的通知》（财预〔2018〕209 号）

47.《财政部关于进一步完善中央财政科技和教育资金预算执行管理有关事宜的通知》（财库〔2018〕96 号）

48.《财政部关于中央预算单位 2019 年预算执行管理有关问题的通知》（财库〔2018〕95 号）

49.《财政部　农业农村部关于印发〈农业相关转移支付资金绩效管理办法〉的通知》（财农〔2019〕48 号）

50.《财政部关于下达 2019 年中央自然灾害救灾资金预算的通知》（财建〔2019〕432 号）

51.《财政部关于印发〈中央部门预算绩效运行监控管理暂行办法〉的通知》（财预〔2019〕136 号）

52.《中华人民共和国预算法实施条例》（2020 年 8 月 3 日中华人民共和国国务院令第 729 号修订）

53.《国务院关于进一步深化预算管理制度改革的意见》（国发〔2021〕5 号）

总的来说，可以归结为以下几方面的进展：

一是重塑理念，向建立现代预算制度迈出了一大步。政府在公共事务和公共服务中，既涉及"事"又涉及"钱"，而"事"和"钱"如何有效地匹配，应该说通过新《预算法》的实施，得到了很大改进。尽管还很难说通过新的预算管理制度可以做到全面规范政府的活动范围和活动方式，但新《预算法》突出预算的完整性，增强预算的约束力，使预算管理从一个"分钱工具"不断转变为"约束政府活动范围和活动方式"的制度。

二是实施中期财政规划与跨年度预算平衡。建立了定位清晰、分工明确、以四本预算为主体的政府预算体系，加强了四本预算之间的统筹力度，加强一般公共预算各项资金的统筹使用。新《预算法》明确规定"各级政府应当建立跨年度预算平衡机制"，将预算审查重点从收支平衡、赤字规模向支出预算转变，从而改进了年度预算控制方式。《国务院关于实行中期财政规划管理的意见》（国发〔2015〕3 号）要求以三年滚动方式编制中期财政规划，对三年的财政收支进行科学合理的预测。具体而言，第一年的规划会对相应年度预算进行约束，后两年的规划对相应年度预算进行指引。按照滚动调整预算的相关要求，在年度预算执行结束后，应对后两年的规划进行系统性调整，并增加一个新的年度规划，以此形成新一轮的中期财政规划。这是财政预算管理的重大制度创新，有利于实现预算编制的合理性和科学性，避免政府突击花钱，提高资金使用绩效。

三是从严管控地方政府债务，防范和化解债务风险。按照疏堵结合、"开前门、堵后门、筑围墙"的改革思路，新《预算法》对举债主体、用途、规模、方式、监督制约机制和法律责任等多个方面作了明确的规定。具体包括：落实债务限额控制，严格限定举债主体、程序和资金用途，推动政府债务分类纳入全口径预算管理；逐步剥离融资平台的融资职能，确保融资平台政府债务余额不再增加；妥善处理存量债务和在建项目后续融资，开展存量债务置换工作；等等。这些举措有利于建立规范合理的地方政府举债融资机制，及时防范债务风险、筑牢防火墙。

四是强化落实、重视配套，多项具体预算管理制度改革有序推进。在清理规范重点支出同财政收支增幅或生产总值挂钩事项、对地方政府债务实行限额管理、建立地方政府债务风险应急处置机制以及责任追究等方面，已建立相关制度。这些改革举措，均是针对现存问题，遵循现代预算制度的基本特征进行顶层设计，已实质推进并取得较显著的成效。

五是全面实施预算绩效管理，进一步促进财政资源配置效率和使用效益的提升。2018 年 9 月 25 日，国务院印发《关于全面实施预算绩效管理的意见》（以下简称《意见》），要求将全面实施预算绩效管理作为契机和突破口，不断提升财政资金的使用效率。《意见》指出，应将全方位预算绩效管理格局的构建作为重点，绩效管理应涵盖各级政府收支预算，全面实施政府预算绩效管理，提升财政资金对民生的倾斜力度，提升财政资源配置的科学性与高效性，不断提升财政健康程度和可持续性水平。将部门和单位预算收支全面纳入预算绩效管理之中，并且全面实施部门和单位预算绩效管理，不断提升部门和单位整体绩效水平。将政策和项目全面纳入绩效管理进程，全面实施政策和项目预算绩效管理，加强对政策和项目预算资金使用效果的综合评估，对实施期超过一年的重大政策和项目重点监控，以动态评价调整机制提升绩效管理水平。

此外，《意见》还要求建立全过程预算绩效管理链条，不断推进绩效评估机制的建立健全，以预算绩效目标管理为抓手，进一步实现对绩效目标实现程度和预算执行的"双监控"，同时应根据绩效评价与结果反馈和调整预算。进一步完善全覆盖预算绩效管理体系，将四本预算全部纳入绩效管理中来。

六是加大预算收入统筹力度，规范预算支出管理。2021 年 4 月印发的《国务院关于进一步深化预算管理制度改革的意见》（国发〔2021〕5 号）明确要求，应进一步加大预算收入统筹力度，全面提升财政保障能力，做好对政府收入预算的规范管理，进一步加强对政府性资源的统筹管理，并强化部门与单位收入的统筹管理，全面盘活各类存量财政资源。还应进一步做好预算支出的规范管理，合理安排支出预算规模，全面保障重大决策部署妥善落实，不断完善财政资金直达机制，大力优化财政支出结构，推进支出标准体系建设。

第二，深化税收制度改革。围绕现代税收制度建设，纳入本轮改革的内容主要是"六税一法"，即党的十八届三中全会提出的六大税种和拟修订的税收征管法。改革进展主要体现在以下方面：

一是全面推进"营改增"。按照财税体制改革的战略部署，2016 年 5 月 1 日，一次性将四个最复杂的行业全面纳入"营改增"范围，将这项普惠的结构性减税政策落到实处，确保"所有覆盖行业税负只减不增"，全面"营改增"的改革任务顺利完成，并呈现出改革、减税和稳定预期三重效应。我国全面"营改增"的进程如图 2-1 所示。

在改革效应方面，"营改增"将流转税的二元税制模式转换为一元税制模式，统一了货物和服务税制，初步建立了现代增值税制度，推动了税

提出"营改增"	出台"营改增"试点方案	部分地区、部分行业试点	部分行业全国试点	全部行业全国推广
2011年3月，《"十二五"规划纲要》明确提出："扩大增值税征收范围，相应调减营业税等税收。"	2011年11月，国务院批准《营业税改增值税试点方案》。财政部、国家税务总局针对上海试点同时印发了一个办法和两个规定。	2012年1月1日，上海地区对交通运输业和部分现代服务业开始试点。2012年9月至12月，北京等十省市对交通运输业和部分现代化服务业开始试点。	2013年8月1日，交通运输业和部分现代化服务业在全国范围展开试点。2014年1月1日，铁路运输业和邮政服务业在全国范围进行"营改增"试点。2014年6月1日，电信业开始"营改增"。	2016年5月1日，建筑业、房地产业、金融业、生活服务业实行"营改增"，意味着"营改增"范围实现全覆盖。

图 2-1　我国全面"营改增"的进程

制的改革和完善，并倒逼财政体制改革。

二是深化资源税改革。2016年7月1日，我国实施资源税全面从价计征改革，有效发挥税收杠杆调节作用，推动经济结构调整和发展方式转变，其中的一大亮点是水资源税。截至2017年12月，水资源税试点已扩大到10个省（自治区、直辖市），实行从量计征，征税对象为江、河、湖泊（含水库）等地表水和地下水，纳税人为直接取用地表水、地下水的单位和个人，试点为全国全面推开改革积累经验。2019年8月26日，第十三届全国人民代表大会常务委员会第十二次会议表决通过《中华人民共和国资源税法》，该法于2020年9月1日起正式施行。

三是积极推进税收法定进程。2016年12月，全国人大常委会审议通过了《中华人民共和国环境保护税法》。将排污费"税负平移"到环保税，征收对象包括大气污染物、水污染物、固体废物、噪声等。2019年3月5

日，十三届全国人大二次会议上，国务院总理李克强在政府工作报告中指出，健全地方税体系，稳步推进房地产税立法。自2019年9月1日起，《中华人民共和国耕地占用税法》开始施行，采取税制平移的方式将《中华人民共和国耕地占用税暂行条例》上升为法律，并对原条例部分内容作出调整完善。

此外，2020年8月11日第十三届全国人民代表大会常务委员会第二十一次会议通过了《中华人民共和国城市维护建设税法》，2021年6月10日第十三届全国人民代表大会常务委员会第二十九次会议通过了《中华人民共和国印花税法》。一系列税法的颁布实施，进一步落实了税收法定原则，极大地推动了我国税收法治化进程。

四是实施更大规模减税降费。实施大规模减税降费，是应对经济下行压力加大、积极财政政策加力提效的必然选择。2019年1—6月，全国累计新增减税降费达到1.17万亿元，其中2019年新出台的减税降费政策共计减税5065亿元。减税降费政策有利于稳定市场预期，减轻企业负担。同时，在促进企业增加投资、加强研发以及扩大就业等领域也发挥了重要作用。

深化增值税改革。自2019年4月1日起，交通运输业与建筑业等行业的适用税率由10％降至9％，制造业等行业适用的增值税税率由16％降至13％。增值税进项税抵扣的范围进一步扩大，同时对生产、生活性服务业实行加计抵减，并试行增值税期末留抵税额退税制度。

实施小微企业普惠性税收减免。在小微企业税收减免上，对可享受企业所得税优惠的小型微利企业的标准进行了大幅放宽，所得税优惠力度进一步加大，政策的覆盖范围高达95％以上。

落实个人所得税专项附加扣除政策。在个人所得税领域，自2019年1月1日起，专项附加扣除政策涵盖子女教育、继续教育、大病医疗、住房租金、住房贷款利息、赡养老人支出等6项。

进一步降低企业在社保缴费方面的负担。在社保缴费领域，继续执行阶段性降低失业和工伤保险费率的政策，将城镇职工基本养老保险单位缴费比例下调至 16％，对社保缴费基数进行核定调低，明确要求各地不得出台增加小微企业实际缴费负担的政策，不允许自行对企业的历史欠费进行集中清缴。

同时，进一步减免或降低部分行政事业性收费额度，对有关政府性基金的设立进行清理规范。

五是深化个人所得税改革。自 2019 年 1 月 1 日起，我国全面实施综合与分类相结合的个人所得税制。中国特色社会主义进入新时代背景下，新一轮个税改革对财税改革、经济发展、社会进步均具有重要意义。建立了综合所得按年征税制度。此次改革中综合征税范围按年计税范围涵盖工资薪金、劳务报酬、稿酬和特许权使用费 4 项劳动性所得，适用统一的超额累进税率。适当提高了基本减除费用标准。将综合所得的基本减除费用标准从原每人每月 3500 元提高至 5000 元（每人每年 6 万元）。首次设立专项附加扣除。围绕与人民群众生活密切相关的支出领域，将专项附加扣除涵盖范围扩大至子女教育、继续教育、大病医疗、住房贷款利息、住房租金、赡养老人支出 6 项。优化调整了税率结构。对劳动性所得，以原工薪所得 3％—45％七级超额累进税率为基础，拉大 3％、10％、20％三档低税率级距，缩小 25％税率级距；对经营性所得，在维持原 5％—35％五级超额累进税率基础上，扩大各档次税率级距；对资本性所得，保持 20％的比例税率。

六是稳步推进房地产税立法进程。2013 年 11 月，党的十八届三中全会通过《中共中央关于全面深化改革若干重大问题的决定》，明确要求应加快房地产税立法并适时推进改革，将房产税立法提上议事日程。2014年 5 月，国土资源部进行了机构调整，在地籍管理司加挂不动产登记局，对自住房的房产税改革提供重要的信息支撑。2014 年 11 月 12 日，国务院颁布了《不动产登记暂行条例》，自2015年3月1日起施行。2015年8月，第十二届全国人大常委会将房地产税纳入了立法规划。2016年1月，《不动产登记暂行条例实施细则》正式颁布实施，为房地产税的全面施行提供了前提技术支撑条件。2018年，将房地产税立法工作列入五年立法规划。2019年政府工作报告中提出，要"健全地方税体系，稳步推进房地产税立法"。

第三，完善中央与地方事权和支出责任划分。对中央与地方事权和支出责任进行合理划分、规范各级政府间财政关系，对促进国家治理体系与治理能力现代化、实现国家长治久安具有重要意义。如果说分税制改革主要聚焦"财"的话，当前的中央与地方财政事权和支出责任划分改革则瞄准了"政"，是对政府公共权力进行纵向配置，属于涉及面广、利益关系复杂的重大改革。党的十八届三中全会以来，围绕建立事权和支出责任相适应的制度，改革的主要进展有以下几个方面：

一是出台改革指导意见，为央地事权与支出责任改革的分步实施勾画具体时间表和路线图。2016年8月，《国务院关于推进中央与地方财政事权和支出责任划分改革的指导意见》（以下简称《指导意见》）发布，不仅对中央和地方的财政事权和支出责任划分提出了原则性的指导意见，还明确了"谁的财政事权谁承担支出责任"等系列原则。《指导意见》明确划分了中央财政事权、地方财政事权以及中央地方共同事权，在此基础上，文件明确了改革具体的路线图，即2016年先从国防、国家安全等领域着手，逐渐扩大至环保、教育、医疗、交通等领域，并在2019—2020年基本完成主要领域的财政事权与支出责任划分，构建起央地事权和支出责任划分的系统性框架。

二是将部分领域的事权划分改革与该领域的深化改革同步推进。2014年10月，党的十八届四中全会提出，优化司法职权配置，推动实行审判权和执行权相分离的体制改革试点，最高人民法院设立巡回法庭。此后，巡回法庭成为推进司法体制改革的重要平台。巡回法庭是最高人民法院的派出机构,其人、财、物由最高人民法院统一管理,与地方政府没有直接利益关系,司法权运行不易受到地方干扰,极大地促进了司法公正。此外,实施环保监察省以下垂直管理、环境监测全覆盖和环境督察制度,建立国家公园体制等,都是为了配合环保监察等领域的事权划分改革而推出的配套改革事项。即把中央和地方财政关系改革,与中央和地方其他关系改革捏在一起谋划,并注重发挥财政的基础和支柱作用。

三是国家基本公共服务清单已明,支出责任分担方式正在探索。2017年1月,我国出台了《"十三五"推进基本公共服务均等化规划》(以下简称《规划》),首次推出国家基本公共服务清单,依据现行法律法规和相关政策,确定了公共教育、劳动就业创业、社会保险、医疗卫生、社会服务、住房保障、公共文化体育、残疾人服务等八个领域的81个服务项目,以及每个项目的具体服务对象、服务指导标准、支出责任、牵头负责单位等,要求在规划期内落实到位,并结合经济社会发展状况,按程序进行动态调整,以此作为政府履行职责和公民享有相应权利的依据。随后多省跟进,出台了各省"十三五"基本公共服务清单。与具体服务相对应的是支出责任,已公布的支出责任表述,包括"市、县(市)政府负责,中央和省级财政适当补助""中央、省和市政府共同负责""中央和地方政府分级负责"等,在一定程度上对支出责任主体予以界定,相关部门正在探索针对不同的基本公共服务,采取差异化分担机制。

四是将界定和划分政府间财政支出责任的直接依据划定为财政事权,降低了改革难度。2018年1月27日,国务院办公厅发布《基本公共服务领域中央与地方共同财政事权和支出责任划分改革方案》(国办发〔2018〕6号)(以下简称《方案》),《方案》明确了与人直接相关的最基本公共服务事项的共同财政事权范围,规范了支出责任的分担方式,统一了相关基本公共服务事项的保障标准,进一步完善了转移支付制度等。同时,进一步明晰了基本公共服务事项财政事权和支出责任划分的具体规则，对部分最基本公共服务事项的财政事权和支出责任进行了直接划分，作为财政事权和支出责任划分改革的重点突破口，《方案》也为后续推动分领域财政事权和支出责任划分改革起到了支撑和引领作用。《方案》的出台是财政事权和支出责任划分的重要里程碑，对进一步优化分税制财政体制，加快建立现代财政制度以及推进国家治理体系和治理能力现代化起到了战略性支撑作用。

此后，国务院相继印发医疗卫生、科技、教育、交通运输、生态环境、自然资源、应急救援、公共文化等领域中央与地方财政事权和支出责任划分改革方案（见专栏 2-2 ）。

专栏 2-2　│　2018—2020 年中央与地方财政事权和支出责任划分相关改革方案│

1.《国务院办公厅关于印发医疗卫生领域中央与地方财政事权和支出责任划分改革方案的通知》（国办发〔2018〕67 号）

2.《国务院办公厅关于印发科技领域中央与地方财政事权和支出责任划分改革方案的通知》（国办发〔2019〕26 号）

3.《国务院办公厅关于印发教育领域中央与地方财政事权和支出责任划分改革方案的通知》（国办发〔2019〕27 号）

4.《国务院办公厅关于印发交通运输领域中央与地方财政事权和支出责任划分改革方案的通知》（国办发〔2019〕33 号）

5.《国务院办公厅关于印发生态环境领域中央与地方财政事权和支出责任划分改革方案的通知》（国办发〔2020〕13 号）

6.《国务院办公厅关于印发自然资源领域中央与地方财政事权和支出责任划分改革方案的通知》（国办发〔2020〕19 号）

7.《国务院办公厅关于印发应急救援领域中央与地方财政事权和支出责任划分改革方案的通知》（国办发〔2020〕22号）

8.《国务院办公厅关于印发公共文化领域中央与地方财政事权和支出责任划分改革方案的通知》（国办发〔2020〕14号）

在医疗卫生领域，财政事权和支出责任划分为公共卫生、医疗保障、计划生育、能力建设四个方面。其中，公共卫生划分为中央财政事权、中央与地方共同财政事权两类；医疗保障、计划生育由中央财政和地方财政共同承担支出责任。

就科技领域的财政事权和支出责任划分而言，根据深化科技体制改革的总体要求以及科技工作的性质与特点，将科技领域财政事权和支出责任划分为科技研发、科技人才队伍建设、科技创新基地建设发展、区域创新体系建设、科学技术普及、科技成果转移转化以及科研机构改革和发展建设等方面。

针对教育领域，财政事权和支出责任划分为义务教育、学生资助、其他教育（含学前教育、普通高中教育、职业教育、高等教育等）三个方面。

在交通运输领域，中央与地方财政事权和支出责任划分为公路、铁路、水路、邮政、民航、综合交通六个方面。

在生态环境领域，中央与地方财政事权和支出责任划分为生态环境规划制度制定、生态环境监测执法、生态环境管理事务与能力建设、环境污染防治、生态环境领域其他事项五个方面。

在自然资源领域，中央与地方财政事权和支出责任划分为自然资源调查监测、自然资源产权管理、国土空间规划和用途管制、生态保护修复、自然资源安全、自然资源领域灾害防治、其他事项七个方面。

在应急救援领域，中央与地方财政事权和支出责任划分为预防与应急准备、灾害事故风险隐患调查及监测预警、应急处置与救援救灾三个方面。

在公共文化领域，中央与地方财政事权和支出责任划分为基本公共文化服务、文化艺术创作扶持、文化交流、文化遗产保护传承以及能力建设五个方面。

五是规范财政转移支付制度。转移支付资金管理办法逐步规范。制定了均衡性转移支付以及县级基本财力保障机制奖补资金等一般性转移支付的资金管理办法；全面规范了专项转移支付的设立调整以及资金申报分配、绩效管理、下达使用与监督检查；逐步调整优化现有转移支付测算分配办法，推进民生建设，助力推进以人为核心的新型城镇化进程；对所有专项转移支付管理办法进行了逐项梳理和修订完善。

进一步优化财政转移支付结构。稳步增加一般性转移支付的规模，同时为加大均衡性转移支付增幅，改变了均衡性转移支付与所得税增量挂钩的方式；增加对革命老区、民族地区、边疆地区、贫困地区的转移支付规模；进一步优化专项转移支付内部结构，重点加强对节能环保、教科文卫、农林水利、社会保障等重点民生领域的资金倾斜。

转移支付的执行进度不断加快。逐步提高转移支付提前下达的规模与比重，确保地方预算编制科学完整。同时，进一步提升预算下达的时效性，不断提升执行的可预期性，凡是具备条件的项目都及时下达预算并拨付资金；大力盘活转移支付结转资金，加强资金和项目衔接，避免资金与项目呈现"两张皮"现象。

（二）地方层面推进和落实财税体制改革的主要进展

总体来看，在全国 31 个省（自治区、直辖市）中，20 多个省份出台了《深化财税体制改革实施方案》（大多数省份未披露全文）。内容大多围绕"完善预算管理制度改革、完善税制改革和深化省以下财政管理体制"

等展开。地方推进和落实财税体制改革的主要进展及其特点体现在：

第一，各地改革进展不一。在深化财税体制改革方案设计上，有的省份加入了"加强财政收入管理、转变支持经济发展方式、严控政府性债务管理"等内容；有的省份不仅出台了财税体制实施方案，还出台了建立现代财政制度的意见等（如浙江省）；有的省份从 2014 年起，每年出台一次深化财税体制改革实施方案（如福建省）。未出台《深化财税体制改革实施方案》的省份，也大多出台了"十三五"财政规划（如上海市），或与财税体制改革相关的改革内容。

从实施方案和内容上看，地方改革举措确保其财税改革的方向与国家治理体系和治理能力现代化的总目标一致，尽可能实现财税改革与各项改革的协调衔接，并通过财税体制改革推动地方治理体系和治理能力的提升。

从实施成效上看，地方财税体制改革在优化资源配置、维护市场统一、促进社会公平等方面有明显推进。例如，多省份财税体制改革实践中以深化预算管理制度改革为主体，同时优化预算执行流程、强化现代信息技术支撑，各项财政改革扎实有序推进，财政管理水平明显提升，资源配置效率得以提高。再如，多省份大力推进支出管理改革，推进了政府和市场关系与新时代的发展要求相契合，明确财政支出责任范围，充分发挥了财政在稳定经济、提供公共服务、调节收入分配、保护生态环境、维护长治久安等方面的职能，更好地发挥政府的作用；并充分体现市场在资源配置中的决定性作用，财政资金逐步退出竞争性领域，减少政府对资源配置的直接干预，让政府和市场发挥各自优势，提升公共福利水平。

第二，地方因地制宜，推进财税体制改革。地方在预算管理改革、事权与支出责任划分改革方面，结合各自特色不断探索，丰富了我国财税体制改革的伟大实践。主要进展体现在：

其一，多省份结合自身发展战略与定位，完善政府预算体系，增强财政调控能力。多省份把中期财政规划编制作为预算管理制度改革的重大举措，将预算编制的视野由 1 年拓展到 3 年，改进了预算资金管理机制，提高了财政政策的前瞻性、有效性和可持续性。加强专项资金管理，全面清理整合专项资金，积极清理盘活财政存量资金。深入推进预决算公开，北京、山东等地全部公开了政府预决算、部门预决算、"三公"经费预决算，有效提高财政透明度。

其二，多省份进一步规范地方政府性债务管理。多地不断完善债务管理机制，将政府存量债务还本付息支出纳入年初预算中来，根据批复的限额编制预算调整方案。同时，将新增债务与存量债务分类纳入全口径预算管理中来。对政府债务进行限额管理，完善建立区级政府债务限额管理机制，严格控制新增债务的规模。进一步规范地方政府债券发行机制，保持政府融资的成本较低。不断优化政府债券发行规模、结构和路线图。如湖南、北京等地，建立完善了债务风险预警指标体系，根据对债务风险状况的评估情况，制定好债务风险应急处置预案。不断完善政府性债务统计报告制度，强化对政府性债务的动态监测。完善建立政府债务限额及债务收支情况随同预算公开的常态化体制机制，建立起对违法违规融资的问责机制，进一步加大对政府性债务管理的监督检查力度，切实防范化解债务风险。

其三，多省份以文件形式明确了省以下财政事权和支出责任划分改革的时间表和路线图，不断推进省以下财政体制改革。如陕西省推进事权划分改革的主要方面包括：一是依据省级安排的财政支出，梳理了省级单位财政事权清单；二是对全省支出数据进行纵向和横向分析，厘清支出责任现状；三是 2017 年 9 月，陕西省出台了《陕西省省以下财政事权与支出责任划分改革实施方案》，明确该项改革的时间表和路线图，强调要建立财政事权划分的动态调整机制，落实各级政府责任，明确 2020 年以前完成省以下财政事权改革任务分解表。贵州、河南等地完善省以下转移支付制度，注重新增改革因素对市县财力的影响。再如，上海针对特大城市经济社会特点，深化财政体制改革，印发《上海市人民政府关于推进市与区财政事权和支出责任划分改革的指导意见（试行）》（沪府发〔2017〕44号），其基本公共服务供给的主体责任格局是区级财政为主、市级财政发挥统筹与补充作用、市级对各类保险基金进行兜底；浦东新区先行先试，坚持问题导向，因地制宜，采取统筹核心发展权和下沉区域管理权，逐步理顺区镇财政事权与支出责任分担机制，强化镇公共服务、公共管理、公共安全以及社会治理职能；2019年2月，上海市财政局发布的《2019财政工作报告》中指出，紧紧围绕推进实现国家治理体系和治理能力现代化，坚持向改革要动力，聚力深化推进关键领域财税改革攻坚，加快建立现代财政制度，加快推进以合理划分事权和支出责任划分为重点的财政体制改革。

其四，各省不断提高财政管理效率和效益。2014年以来，财政部积极推动国库尤其是地方政府国库管理，各省推进国库集中收付、国库集中支付电子化，国库现金管理效益提升。逐步建立权责发生制政府综合财务报告制度，逐步扩大试点部门范围和报表填列事项范围，加强合并报告研究，应用政府综合财务报告分析，全面反映政府财务状况，评估政府绩效，提高政府财政管理水平，为提高地方治理能力夯实了基础。

第三，地方创新和完善财政管理机制。党的十八届三中全会以来，地方财政管理机制的创新做法主要体现在：

其一，多地积极推进政府和社会资本合作（PPP）与政府购买服务，实现政府与市场的多元融合。绝大部分省份都在探索政府、企业和社会力量合作模式，拓宽PPP改革领域。在公共服务领域全面推广PPP模式。从各省2015年财政预算报告来看，仅有5个省份没有提到PPP，而提到PPP的省份，主要目的在于创新筹措资金渠道、用活财政资金等。如具体探讨PPP的内容在政府预算与融资模式、创新投融资体制机制、深化政府债务管理、将财政资金"用活"等处提及，强调注重通过基金、PPP等多种形式实现财政资金使用与运用金融工具相结合，多渠道、多举措筹措经济建设资金，大力解决公共建设资金不足问题，同时提升财政资金的使用效益。多地下发 PPP 合作指导意见，研究 PPP 实施的项目范围和论证，确立项目流程、优惠政策和保障措施等，部分省份表明为 PPP 等政府与社会合作的新模式优先安排预算；并着手进行项目筛选，部分省份推出试点推荐项目，主要集中于交通运输、基础设施和公共服务的行业领域。多省份逐步扩大政府购买服务的范围和规模，修订政府购买服务指导性目录，制定重点公共服务领域政府购买服务实施方案，逐步加大教育、社会保障、文化、市政市容等重点领域政府购买服务力度，推进选取社会影响力大、具有示范性和带动性、市场机制成熟的示范项目，并对示范项目实施情况进行后续跟踪。2018 年 5 月以来，多省份出台新一轮促进 PPP 规范发展的政策，江苏、安徽等省接连出台了新政策来提升民间投资参与 PPP 项目的便利度，同时推进 PPP 项目的规范化管理。

其二，多地积极设立和运用政府引导基金，发挥财政资金杠杆作用。政府引导基金已成为各级地方政府发展创业投资产业，解决中小企业融资难题的重要途径。2016 年至今，全国政府引导基金实现快速发展。据投中网数据显示，截至 2018 年 6 月底，国内政府引导基金总目标规模达 58546 亿元（含引导基金规模＋子基金规模），共成立了 1171 只政府引导基金。2012—2017 年期间，引导基金数量不断上升，总目标规模也显著攀升，如图 2-2 所示。

此外，数据显示，市级及区级单位逐渐成为政府引导基金的设立主体。截至 2018 年 6 月，市级政府引导基金数量最多，共有 21603 只市级政府引导基金，所占比重为 54％。[①] 各地方政府根据投资方向和重点，在基金的设立形式上，采取了产业投资基金、股权投资基金以及天使投资基金等多种形式。

---

① 国立波、韦婉：《2018 年政府引导基金专题研究报告》，2018 年 8 月 6 日，见 https://www.chinaventure.com.cn/cmsmodel/report/detail/1439.html。

	2012	2013	2014	2015	2016	2017
设立总目标规模（亿元）	1761	2094	6101	22908	44031	53125
累计成立引导基金数量（只）	179	214	269	551	1062	1166

图 2-2　2012—2017 年全国政府引导基金设立情况

资料来源：CV Source。

专栏 2-3 ｜ 湖南省结合中期财政规划，以资本预算制度防控债务风险｜

2015 年，湖南省本级开始试编重大基础设施建设项目融资债务预算，首先聚焦在交通领域融资债务预算，此后逐步扩大到能源、水利、保障性住房等关键领域，并积极尝试向资本预算过渡，编制省级重大公共基础设施建设项目融资债务中期规划（2016—2018 年）。

湖南省已公布 2016 年上半年的省本级政府性债务综合报告，以提高政府债务性债务的透明度。并尝试通过测算未来年度省级收支增幅和偿债能力，确定省级融资规模上限，以在此上限内综合运用政府债券、PPP、股权投资基金等各种方式融资，兼顾融资需求和风险约束，使各种方式筹措的建设资金统统纳入预算管控。

在资本预算制度下，防控债务风险的意义至少体现在以下方面：

第一，打开规范举债的"明渠"，堵住变相举债的"暗道"，重点在于对一般债券、政府引导基金债务、专项债券、PPP债务等进行分类管理。第二，大大提高政府预算的约束性、前瞻性和可持续性。通过对政府债务风险实施"双线"管控，并实施融资规模上限约束和中期融资规划，避免地方政府在债务限额管理制度下的无序腾挪资金用途。第三，促进债务风险与预期收益的匹配，通过对债务举借与资产形成、当前成本与未来收益的动态结合，进一步提高债务资金使用效率。

其三，多省市预算绩效管理积极性高涨，涌现出一批可供借鉴的绩效管理新举措、新方法。2018年9月，《中共中央国务院关于全面实施预算绩效管理的意见》（以下简称《意见》）正式印发，对全面实施预算绩效管理进行了统筹谋划和顶层设计，是我国在预算绩效管理领域的纲领性文件。该《意见》出台后，部分地方先行先试、大胆创新。譬如，北京市财政局关于印发《北京市市级项目支出事前绩效评估管理实施细则》（京财绩效〔2014〕1933号），全面实施事前绩效评估，探索开展全成本预算绩效管理；浙江省财政厅印发《浙江省深化政府购买服务第三方绩效评价工作试点实施方案》（浙财综〔2019〕19号），全面实施政府购买服务绩效管理，提高政府购买服务质量与效益；山西省财政厅印发《中共山西省委山西省人民政府关于全面实施预算绩效管理的实施意见》（晋财绩〔2019〕12号），提高财政资源配置效率和资金使用效益，增强政府公信力和执行力，促进资源型经济转型发展。

专栏2-4　｜多省份积极推进中期预算管理｜

2014年10月，国务院印发《国务院关于深化预算管理制度改革的决定》（国发〔2014〕45号），明确提出要实行中期财政规划管理。2015年1月，国务院发布《国务院关于实行中期财政规划管理的意见》（国发〔2015〕3号），明确了推行中期财政规划管理的基本原则、主要内容、责任主体和相关程序。这标志着我国中期预算改革的全面启动。随后，各省份相继出台文件，对实施中期财政规划管理作出部署。

北京、陕西、福建、吉林、湖北等地出台了关于实行中期财政规划管理的相关实施意见。如在深化财税体制改革过程中，陕西省将中期财政规划作为改革重点，制定出台了《陕西省人民政府关于实行中期财政规划管理的实施意见》（陕政发〔2015〕25号）。在财政收入方面，陕西省财政厅牵头编制了2016—2018年财政收入规划，税务、国资、人社以及其他财政收入征管部门积极参与，协调做好规划期收入的预测工作。在财政支出方面，省级各部门围绕中央各项重大决策部署，以2015年为基期对2016—2018年分管专项资金的投入情况进行科学预判，统筹考虑省级预算安排、结余结转资金、中央专项转移支付、政府性基金等收入，综合研究三年规划期内拟实施的支出项目，实行滚动调整，确保重点支出得到保障，进一步优化资金分配，不断提高财政支出的有效性、前瞻性和可持续性。并主动在水利、卫生、义务教育、环保、社保就业等重点领域开展部门三年收支滚动规划编制试点。这标志着我国的中期财政规划管理已从理念走向实践，提高了预算编制的科学化水平，也有助于破解多年来财政支出上年年末"突击花钱"的难题。再如，浙江省率先实质性突破中期财政规划管理，通过分析预测2018—2022年重大财政收支情况，切实将政策、项目和资金转化为中（长）期财政规划，从更长的周期、更广的范围、更宽的视野研究预算和资金安排，使财更好地为政服务，更好地发挥财政职能作用。

（三）新时代财税体制改革的特点

总体来看，新时代财税体制改革有以下几方面的特点。

第一，新时代财税体制改革，是在全面深化改革背景下实施的，与1994 年启动并延续多年的财税体制改革明显不同，它"不是政策上的修修补补，更不是扬汤止沸，而是一场关系国家治理现代化的深刻变革，是一次立足全局、着眼长远的制度创新和系统性重构"。

第二，新时代财税体制改革的基本任务是围绕实现国家治理体系和治理能力现代化的总体改革目标，通过预算、税制和财政体制三大方面的改革加大力度保民生、调结构、稳增长。

第三，作为新时代财税体制改革的基本目标，现代财政制度有其鲜明的时代特征和中国特色。现代财政制度不断适应我国经济社会的变化和特点，贯彻中国特色社会主义发展的战略安排，发挥其在优化资源配置、提供公共服务、调节收入分配、保护生态环境、维护国家安全等方面的职能，支持打好防范化解重大风险、精准脱贫、污染防治的攻坚战，深化供给侧结构性改革，助力转变经济发展方式、维护市场统一、促进社会公平正义。

第四，"四梁八柱"的设计和"一体两翼"的路径，体现了整体性改革思路。新时代的财税体制改革，在整体的制度设计层面，解决普遍性、支撑性问题的制度层面的改革框架即"四梁八柱"已经确立，形成了中央和地方财政关系改革、预算制度改革、税制改革"一体两翼"改革框架，且已取得实质性进展，但距离整体性、系统性重构的整体性改革目标实现还任重道远。经过几年的实践，财税体制改革的顺序，从党的十八届三中全会提出的按照预算、税制、中央和地方财政关系三个方面并行的路径推进财税体制改革，到党的十九大提出按照中央和地方财政关系、预算、税制"一体两翼"的推进方式。将构建中央和地方财政关系摆在首位，这不仅是一个摆布顺序的问题，实际上也反映出财税体制改革应有的逻辑和路径顺序。财税体制改革按照原先提出的预算、税制、财政体制的顺序依次进行，这与实际情况不适应，事实上很难以有效协同推进，使改革陷入原地转圈的情况。党的十九大报告对此作出及时修正，将三者视为整体，以中央和地方财政关系为主体，以预算改革、税制改革为两翼的方式来推动整个财税改革，达到"一体两翼"的效果。以中央和地方财政关系改革为主体，特别需要进行中央与地方的事权、财权的改革，理顺各级政府的职责。在财政改革中，中央与地方的这种财政关系，越来越成为主要的矛盾和问题，所以它必须排在首位，做整体的谋划。

第五，财税体制改革的基础性、支撑性作用初步显现，对其他领域改革的牵引、辐射和倒逼作用初露端倪。

一是现代财政制度功能得以完善。优化资源配置、维护市场统一、促进社会公平、实现国家长治久安，可被视为现代财政制度的四大特征或可称之为财政的四大功能，也是新的历史时期评估财税体制改革的标准。尤其在我国经济已经迈入新常态的当下，财政收入增速也逐渐减缓，而人口老龄化、贫富差距代际传递、经济结构调整、生态环境保护等各种风险不断凸显，财政化解公共风险面临较大的压力。要实现全社会公共风险的化解，同时实现国家在构建新发展格局以及重构社会关系中的作用，就必须使国家这个主体拥有与之相对应的国家能力。国家能力主要表现在社会资源汲取能力、政治渗透能力和危机解决能力三个方面。这些能力的提升都要依靠财政的支撑性力量。而推动财政改革的纵深发展，就必须谨慎权衡财政风险与公共风险之间的关系。这涉及财政规模与财政结构的优化问题。既要通过结构性减税来实现稳增长的目标，确保经济高质量发展；又不能降低政府公共服务和化解公共风险的能力，防止社会风险扩大。

对照上述五个方面来评估，当前的改革已经阶段性完成了改革目标，相关功能得到完善，现代财政制度的职能作用得到初步发挥。如通过设立政府引导资金、PPP、政府购买服务等方式，优化财政资源配置；通过"营改增"改革，从制度上解决货物和服务税制不统一和重复征税问题，促进社会化分工协作，激发企业活力，优化产业结构，维护市场统一；通过推进基本公共服务均等化，进而缩小全国各地的投资和消费水平的差距，促进社会公平；通过税收法定、预算法定等改革，消除隐患，避免公共风险和危机，为实现国家的长治久安奠定基础。

二是牵引、辐射和倒逼其他方面改革。新时代财税体制改革是当财政第一次从根本上回归到国家治理体系中的应有位置后，作为全面深化改革的重点领域和基础工程来进行部署的。财税体制改革之所以成为重点改革领域和基础工程，其原因无非在于，全面深化改革是"五位一体"和党的建设等各个领域改革的联动性改革。其中，作为国家治理的基础和重要支柱，财税体制的制度性安排体现并承载着政府与市场、政府与社会、中央与地方等多方面的基本关系，对经济、政治、文化、社会、生态文明和党的建设等领域的体制格局有着深刻的影响。因而，在国家治理的总格局中，财税体制是一个具有"牵一发而动全身"之效的关键性和基础性的要素。

经过几年的改革，财税体制改革的基础性、支撑性作用已初步显现，对其他领域改革的牵引、辐射和倒逼作用也初露端倪。尤其在供给侧结构性改革中，去产能、去库存、去杠杆、降成本和补短板这五大方面，财税改革均发挥了积极作用。此外，为应对经济下行压力，中央适当提高财政赤字率，扩支减税，避免经济失速风险，等等。

二、对财税体制改革的评价：基于公共风险状态

围绕新时代财税体制改革的重大任务、主要目标、重大举措等进行评价，更多地应从公共风险状态出发，而不是囿于改革本身来考察改革进程

与设定的改革目标之间的静态对比关系。

（一）基于公共风险状态设置评价标准

要评价，就需要有界定评价的标准。党的十八届三中全会表决通过《中共中央关于全面深化改革若干重大问题的决定》，为新时代财税体制改革作了战略部署，明确提出"财政是国家治理的基础和重要支柱"这一重要论断。"到 2020 年基本建成现代财政制度"是深化财税体制改革的最终目标，《深化财税体制改革总体方案》对现代财政制度进行了明确规定，指出现代财政制度是统一完整、法制规范、公开透明、运行高效的制度，其职能定位在于优化资源配置、维护市场统一、促进社会公平、实现国家长治久安。《中共中央关于全面深化改革若干重大问题的决定》中有关财税体制改革目标在于完善立法、明确事权、改革税制、稳定税负、透明预算、提高效率，加快推进现代财政制度建立，发挥好两个积极性。党的十九届四中全会通过了《中共中央关于坚持和完善中国特色社会主义制度　推进国家治理体系和治理能力现代化若干重大问题的决定》，指明中国特色社会主义具有多项制度优势，未来要更多地将这些优势转化为治理效能。财政是国家治理的基础和重要支柱，在制度优势转化为治理效能的过程中发挥着重要作用，财税体制改革的重要目标就是要不断促进这一转化。

这些论断揭示了新时代财税体制改革不同于以往的财税体制改革。新时代财税体制改革是在全面深化改革背景下实施的，"不是政策上的修修补补，更不是扬汤止沸，而是一场关系国家治理现代化的深刻变革，是一次立足全局、着眼长远的制度创新和系统性重构"。这也可以解读为三个重要方面：一是从国家治理全局高度布局的财税体制改革，评价要着眼于财政体制改革对国家治理效能转化作用的发挥。二是从发挥基础性和支撑性作用高度布局的财税体制改革，评价要着眼于财税体制改革对于化解风险、构建确定性作用的发挥。三是财税体制改革应从全面认知现代财政文明的高度进行布局，对改革的评价要着眼于发挥财税体制改革对于财政文明的引领作用。

围绕新时代财税体制改革的重大任务、主要目标、重大举措等进行评价，更多地应从财税改革实际效果出发，而不是囿于改革本身来考察改革进程与设定的改革目标之间的静态对比关系。改革导向无非是两个方面：目标导向和问题导向，其中目标导向是"应该怎样"，而问题导向是"怎么解决"。两者是有机整体，相互映照，前者为后者提供依据和判断标准，什么是"问题"，由目标提供基准；如何一步步推进改革，通过"问题"来引导，并从实际效果来动态校正和完善改革目标。无论是目标导向还是问题导向，评价标准都是围绕防范和化解公共风险。财政作为防范和化解公共风险的机制，其最终目标是实现公共风险最小化。

新时代财税体制改革，不仅更突出整体性和全面性，而且在理念与站位上体现出重要变化，由经济体制改革的范畴上升到全面深化改革的重要组成部分，由经济制度的重要安排上升到国家治理的基础性制度安排，由强调公共、民生等财政属性特征上升到与新时代、现代性相对接。传统的财政三大职能——资源配置、收入分配、经济稳定与发展，在国家治理这个新坐标中，财政职能重新定位，财税体制改革成为全面深化改革的突破口和先行军，以防范和化解公共风险为己任，公共风险最小化为目标。这是基于财政新定位的财政功能发挥的评价，其制度不断创新和功能不断发挥出来，就说明财税体制改革有进展，基于国家治理的制度创新和财政功能发挥程度越大，对公共风险的防范、收敛、化解的作用发挥越大，就说明财税体制改革推进有力，更接近财税体制改革的预期。

综上所述，对新时代财税体制改革的评价应该基于如下思路来进行：整体来说，是以财税体制改革是否与防范化解公共风险相匹配，具体可以从以下两个层面来进行。

第一，基于整体性设计的制度层面是否完成了立足全局、着眼长远的制度创新和系统性重构。包括：一是财税体制改革的制度框架是否确立。二是整体性、系统性重构目标是否实现。

第二，基于功能性设计的体制机制层面是否完成了既定目标。包括：一是是否解决了财税体制改革功能方面的问题，即财税体制改革在优化资源配置、维护市场统一、促进社会公平，以及实现国家长治久安方面是否发挥了作用。二是财税体制改革对整体改革的支撑作用发挥得如何，是否对其他方面改革形成牵引、辐射和倒逼。

（二）提升国家治理效能，财税体制改革仍在路上

如前所述，尽管财税体制改革取得了一定进展，但若将其置于促进国家治理效能转化的视角和将其放入三维治理坐标系中来看，依然存在不少问题和难点，掣肘财税体制改革的进一步推进。从某种意义上说，改革也是一场革命，改革面临的最大挑战是不确定性及其引发的风险。财政改革涉及国家治理的方方面面，范围广泛、问题复杂，遇到的阻力也多。总体来说：

一是如何权衡财政风险与公共风险。当前由于我国经济进入新常态，人口老龄化、贫富差距代际传递、经济结构调整、生态环境保护等风险开始显现，但财政收入增速也不断减缓，因此财政化解公共风险的压力很大。化解全社会公共风险，实现国家在推动现代经济发展和社会关系重构中的作用，就必须使国家拥有与之相称的国家能力。国家能力主要体现为资源汲取能力、政治渗透能力和危机解决能力。所有这些能力的提升都要依靠财政活动加以支撑。推动财政改革，就必须权衡财政风险与公共风险的关系，就需要在财政规模和财政结构的优化方面下功夫，保证经济社会

稳定发展。

二是如何处理民生与发展的关系。当前，容易出现两个误区：一方面是过分追求发展的速度和规模，忽视民生问题的解决，陷入为发展而发展的误区，偏离了本原的目标；另一方面是过分强调改善民生的力度和时限，把促进发展的必要资源过多地用于当下民生问题的解决，陷入杀鸡取卵的误区。一旦落入这两个误区当中，就无法处理好民生与发展的关系，产生另一种公共风险：既不能实现良性发展，也不能从根本上改善民生，从而背离可持续发展和长治久安的战略目标。

三是如何形成财政改革合力。凝聚各方面力量，推动财政改革纵深发展，必须从长期、整体分析出发，防范和化解我国经济社会发展过程中面临的各种公共风险。还应该分析如何让政府之手与市场之手形成合力，公共部门之间形成合力、经济资本与社会资本实现有机结合的相关问题。

第一，对改革的复杂性认识不够，欠缺不确定性思维和风险管理思维。全面深化改革是一个复杂的整体，财政作为国家治理的基础也是复杂的系统，必须要有整体设计，不能把"方向"当作"设计"，把"设计草图"当成"施工图"。这样容易导致整体设计不到位，改革碎片化。即改革的文件发了不少，相关落实层面的会议也开了不少，但改革的实质进展不大。

首先，改革存在线性思维。当前，学术界和实际工作部门，都有将财税改革拆分为各个单项改革分不同的部门、单兵推进的倾向和做法，这种改革措施是基于一种直线的、单维的、片面的"线性思维"方式，从微观层面和短期来看能够起到一些作用，但从宏观层面和长期来看效果不佳。例如维护市场统一方面，2014年年底推出了清理税收优惠政策规范方案，但受稳增长压力较大等因素的制约，出台不久即被要求暂缓进行。再如前面提到的清理重点支出挂钩，也是因为各个部门没有联动，导致改革效果不佳。财政作为国家治理的基础和重要支柱，应尽量避免进入这种误区，应以非线性思维，整体、系统、辩证地看待和推进财税体制改革。

其次，改革的协同性、协调性作用发挥不够。财税体制改革不能孤立推进，应与其他改革协同。党的十八大报告中提出的"五位一体"总体布局和习近平总书记提出的"四个全面"战略布局，都是基于"整体观"。财税体制改革作为国家治理的基础和重要支柱，应该服务于"五位一体"建设，协同其他领域改革，全面深化。然而，当前的不少改革，都是财政部门唱独角戏，基本处于财政领域的改革财政部门自己出台政策；其他领域改革，财政只负责"买单"，没有渗透和参与到其他领域改革的全过程。对其他领域改革的支撑、牵引和协调作用发挥不够，与国家治理的基础和重要支柱的定位不相吻合。

最后，改革欠缺不确定性思维和风险管理思维。当前，全球已进入风险社会，面临越来越多的不确定性。随着中国经济走进新时代，改革也应转向风险管理。从历史上看，全球宏观经济政策曾经历两次大的转型：第一次转型是转向需求管理，第二次转型是转向供给管理，现在进入新时代，将迎来第三次转型，即转向风险管理。从社会学角度来看，人类发展已经进入新的历史阶段，也就是"风险社会"，其特征是高度不确定性。经济风险、社会风险、环境风险和政治风险相互交织、叠加放大，并在各国之间传递。在全球化的大背景下，没有一个国家能独善其身、置身于风险之外。从经济学角度来看，全球经济也成为"风险经济"。财富虚拟化、资产评估化、定价金融化，整个经济金融化程度加深，经济运行面临越来越多的不确定性，从而面临越来越多的风险。

在风险社会中，不确定性是其本质所在，即国家治理所面临的问题本身是不确定的，改革本身也是不确定性的过程。但现在把它当成确定性的过程。这既是认识问题，也是方法问题。改革的目的是在不确定性中寻找确定性，因此，不能用"草图"代替"施工图"。

财政作为一种公共风险防御机制，其作用就是减少不确定性、防范公共风险。党的十九大报告中已多次提到"风险",如"坚决打好防范化解重大风险""守住不发生系统性金融风险的底线""增强驾驭风险本领,健全各方面风险防控机制"等。然而,现阶段的财税体制改革,还未站在风险经济和风险社会的角度实行风险管理,这也是导致财税改革"碎片化"和"部门化"的根源所在。

之所以出现上述问题,一个原因是理论落后于实践,支撑全面深化改革的国家治理或国家发展学尚未建立。我国改革开放的发展实践是人类文明史上的大事件,改变了只以西方文明为中心的认知模式。然而40多年来,虽然在实践中取得了伟大成就,学术理论和思想还是依赖国外引进,与中国特色的发展实践创新极不相称。党的十八届三中全会提出"全面深化改革的总目标是完善和发展中国特色社会主义制度,推进国家治理体系和治理能力现代化","财政是国家治理的基础和重要支柱"。这样的提法无疑是具有前瞻性和战略性的,为全面深化改革指明了方向。国家治理体系是党治理国家的系统性制度体系,包括"五位一体"和党的建设等各领域体制机制、法律法规安排。国家治理能力则是运用国家制度管理社会各方面事务的能力。然而,全面深化改革理论指导是碎片化的,没有类似于国家治理学或国家发展学等理论。如何超越现有的社会学科,从整体上去把握国家的发展,实现国家治理体系和治理能力现代化。尤其是进入新时代后,改革也进入攻坚期和深水区,全面深化改革必须突出系统性、整体性、协同性。由于理论落后于实践,对改革的目标认识不足,如人民逻辑问题,没有体现到新时代财税体制改革中。过去的改革侧重市场化改革,偏重经济维度,其理论指导是财政经济学,是从市场失灵、公共产品、市场如何发挥作用等角度来阐释财税体制改革。现在基于国家治理的财政学没有构建起来,基于整体发展的国家现代化的国家发展学没有构建起来,这样,理论上就遇到了困境,没有合适的理论指导,导致对改革的认识不清,其实还是"摸着石头过河"。当然也要承认,进入整体发展整体阶段之后，整个改革的难度加大了，复杂性也加大了。这更加呼唤基于全面深化改革的国家治理学或国家发展学能够应运而生。

第二，财税体制改革在整体改革中的基础性作用发挥不充分。从财税体制改革的整体设计来看，存在不到位的问题。其中有两个层面的不到位：首先是将财税体制改革当成一个部门工作性质的改革，而不是作为国家治理的基础和重要支柱，这样在整体设计上就是先天不足；其次是将财税体制改革仅作为经济领域的改革一部分，而不是作为经济、社会、政治、生态等各个领域改革的基础，"矮化""窄化"财税改革。

财税改革"小马拉大车"。如预算问题，是以维护"公益"为主要目的，调整国家与公民之间、政府与社会之间、以权力为轴心、以"公法"为基础的综合性政治契约。从某种意义上说，预算问题就是政府问题、是国家治理问题。预算改革应从国家治理的高度加以设计和实施。但从目前的改革进展来看，只是将预算改革作为财政部门的改革事项。如取消重点支出挂钩，财政部门在新《预算法》的指引下，取消了各类重点支出的挂钩机制，但由于其他相关法律没有修改，相互掣肘。例如，《中华人民共和国教育法》对教育支出的考核仍然沿用挂钩机制，各级人大依据该法来审核财政的教育支出，使得这项改革推进缓慢。再如，中央专项资金从2013年的226项减为2017年的76项，但其中一部分还是项目之间的简单合并，大项套小项，由于长期以来形成的专项名目较多、结构较为固化等问题突出，加之存在部门利益的影响，仅靠财政部门很难推动。

改革存在"碎片化"，缺乏整体观。把财税改革变成细碎的工作层面的事情，没有基于整体设计的通盘考虑，只有时间表，没有施工图。事实上，改革推进中的"碎片化"是最大的问题，即看起来是有序推进，实际上是见招拆招。预算制度改革、税收制度改革及事权与支出责任划分改革，没有有机关联起来，各管一摊，各自推进，导致推进进度不一。

诚然，本轮财税体制改革三个方面的内容不是简单的并列关系，不可能齐头并进。但三者之间是有机联系、相互贯通的统一体，需在改革之初制定通盘的整体的改革方案。因为任何一方面的改革若不能与其他两个方面相协调，并形成合力，则不仅会对改革的总体效应形成阻力，而且难免阻碍整体改革的实现进程，甚至使整体改革处于"跛脚"状态。实际上，财政体制改革相对滞后，并且对本轮财税体制改革的整体进程与宏观经济政策的有效运行形成制约效应。比如，作为税制改革中的一条主要线索，"营改增"关系到地方主体财源的结构性变化，这种变化必然要以央地财政关系的同步调整为前提。正是由于包括财政体制改革相对滞后在内的诸种因素的掣肘，"营改增"的全面推进才不得不放慢了脚步。后来，虽在各方力量的强力干涉下不断推进，也不得不以一个"过渡"的收入划分方案先行推出。

第三，各项财税改革措施之间缺乏有效衔接。从财税改革面临的主要问题和任务来看，零敲碎打式的改革也许能够解决某一方面的问题，但却很难实现中央确定的改革目标。推进财税改革，建立和完善现代财政制度，涉及重大利益的调整。为此，需要摒弃"打补丁"式的改革思维，着眼长远机制的系统性重构，从系统化、整体化、全局化的视角设计和推进财税改革，既要注重预算改革、税制改革和财政体制改革的协调性，又要加强财税改革与国有企业、社会保障制度、政府管理制度、社会管理体制等其他领域改革的协调和配合。同时，还需要注重财税改革内部的协调。从财税体制改革自身改革来看，不仅其内部的不协调，产生治理短板，而且各项财税改革不充分不完善，制约了财政治理能力的有效发挥。

财税改革内部不协调，产生治理短板。财税改革是全面深化改革的重点之一，涉及的面比较广。除了预算改革之外，还涉及税收制度、财政体制改革等重要改革，这些改革关联性较强，都属于构建现代财政制度的范畴。例如，预算管理体制实际上就是财政体制改革的另一方面，中央与地方事权、财权和支出责任的调整，必然要求以预算体制的形式固定下来。

从现实来看，我国财税体制改革内部的不协调不充分，产生了治理短板。例如，财税改革的次序，是先改预算，与"一体两翼"不协调，尤其是中央与地方关系改革进展较为缓慢。再如，税种改了，但税收收入分享体制和地方税体系建设没有及时跟进。随着大规模的减税降费，给地方财力带来了较大的影响。同时，"营改增"后，地方政府的主体税种不复存在，地方税体系更加脆弱，地方财政越来越依赖于共享税收入和转移支付。减税降费背景下，地方财力重建机制、央地间留抵退税的分担机制、共同财政事权分担机制等都有待明确或改进。

相关财税改革不充分不完善，不利于有效发挥财政的治理作用。这表现在如下几个方面：

（1）事权和支出责任划分改革推进滞后，中央和地方财政关系不合理。2016 年 8 月发布的《国务院关于推进中央与地方财政事权和支出责任划分改革的指导意见》也具有时代局限性，也只是聚焦于财政事权和支出责任划分，主要搭建了中央和省级政府间财政关系的框架，对于省以下事权与支出责任如何改革，并未给出实质性意见。近年来，我国加快了财政事权和支出责任划分改革，在基本公共服务、医疗卫生、教育等领域取得了积极进展，制定了一些划分办法。但这些划分，更多的是对当前现状的确认，并没有在中央与地方财政关系上做大的调整。从某种程度上说，事权与支出责任划分改革也属于分税制财政体制的遗留问题。必须意识到，1994 年实施的分税制改革，面对收入划分、事权划分两项重大改革，挑选了相对容易的收入改革，对政府间财政收入进行了划分。改革效果立竿见影，"两个比重"翻番的改革目标迅速实现。但事权划分改革进展缓慢。事权改革滞后反映在现实的财政关系上，就是"上面点菜、下面买单"和基层政府的"小马拉大车"情况普遍，在2000 年以后尤为突出。如义务教育、社会保障、"三农"问题、生态环境等新增事权的制度设计，大都采取自上而下的命令形式，并以"上级决策、下级执行，经费分区域分级分比例负担"的原则维系。表面上，可以较好地实现改革目标，但不加区别地把事权层层下移，导致地方政府尤其是基层政府有心无力。上级政府下移的事权通常是刚性强、支出大、管理严、责任重，比如中央和省两级政府不断推出的惠民政策、环境治理、产业转型等，对基层财政尤其是经济欠发达地区的基层财政来说无异于雪上加霜，"小马拉大车"让基层财政"压力山大"，其结果至少导致了以下两个方面的问题。首先，财政事权过度下沉，既超出了地方的办事能力，也超出了地方的财政能力，加大了地方尤其基层治理失灵的风险。其次，越到基层政府，其可支配财力越小、支出责任越大。财产性收入成为地方政府的重要收入来源，基层财政脆弱性越来越大，难以持续。

（2）预算改革有待于深化，财政的人民性体现不足。从当前的预算管理制度来看，还存有一些不科学、不合理之处，限制了预算功能和作用的发挥，并且人民参与预算决策、管理和监督的机制不健全，使财政的人民性体现不足。预算信息公开、透明程度不够。预算信息公开、透明，是财政的人民性的一个重要体现，也是人民参与预算管理和监督的前提。虽然我国在 2007 年发布的《国务院政府信息公开条例》将"财政预算、决算报告"和"财政收支、各类专项资金的管理和使用情况"列为重点公开的政府信息，但由于受预算编制限制、政府意愿不强等的影响，进展一直较为缓慢，没有完全发挥其作用。预算权力配置不合理，削弱了预算控制力。从预算权力配置的大框架来看，我国对预算各个环节的相关部门的权限作了明确的划分，但在实际权力行使中却存在一些问题。①人大的预算权力形式大于实质。首先，人大代表缺乏预算修正权。这也意味着要么人大通过预算草案，要么否决，没有其他选择，不利于人大的实质性监督。其次，人大的预算监督权力，主要是程序性监督，而在预算编制环节普遍缺乏实质性监督。再次，预算调整、决算和审计监督的力度不够。最后，人大代表的专业素质不一、预算审查时间较短、预算草案不够细化等，也影响了人大监督的质量。②预算权力碎片化。由于预算权力的分散、不统一，财政部门与其他准预算机构及各个支出部门之间的权力关系不规范，造成预算权力碎片化。其中尤为重要的一点是财政投资权的不统一。基本建设、科技费用等支出权分散于各部门，虽然有利于提高财政支出或投资的灵活性，但也造成各部门各自为政的现象，破坏了预算的完整性和统一性，削弱了预算控制力，不利于提高财政资金的使用效率。四本预算的统筹有待强化。新《预算法》虽然明确提出了四本预算各自的编制要求，并强调要加大统筹力度，建立起有机衔接的预算管理体系。在操作环节，四本预算之间的有机衔接并没有建立起来，管理标准也各异。比如，新《预算法》虽然明确了"预算包括一般公共预算、政府性基金预算、国有资本预算、社会保险基金预算"，但具体到预算收支的范围，一般公共预算细化到了类、款、项、目四个预算级次，而其他三本预算则以"政府性基金预算、国有资本经营预算和社会保险基金预算的收支范围，按照法律、行政法规和国务院的相关规定执行"等相对宽泛的表述予以规定。同时，预算管理基础有待进一步夯实。为实现改革的联动性，新制定的预算管理制度改革措施，不能单方面推进，需要良好的预算和财政管理基础与之配套，否则会降低改革成效。但目前多地预算领域的基础数据缺乏全面性，很多收支信息没有及时反映出来，预算管理的基础因此被弱化。

（3）税制不完善和政策缺陷，无法适应增强国家治理能力的要求。税制结构不适应我国经济社会转型的客观要求。我国经济社会已经进入加速转型期，能否妥善处理发展方式转型、经济结构调整和利益分配调节，事关转型的成本和效果。税制结构状况，不仅影响发展方式转型和经济结构调整，而且影响利益分配、社会的自稳定机制与和谐程度，以及人类与自然环境的关系处理等诸多方面。从中国的现实情况来看，虽然税制结构在前些年不断优化，货物和劳务税比重呈下降的趋势，但就税制整体结构而言的不合理以及货物和劳务税内部设置的缺陷仍然明显，直接税调节作用不足，从税制整体结构来看，货物和劳务税占比较大，在一定程度上影响经济发展方式的转型。由于货物和劳务税与商品价格高度相关，其纳税义务人可以通过提高价格或提高收费标准等办法把税收负担转嫁出去，将税款加入所售商品的价格中，易推高物价、抑制内需。此外，这种状况还将影响税收对新兴产业、处于初创期的企业以及小型微利企业的支持效果。税制不完善，一些具有调节功能的税种缺乏。市场经济虽然强调市场的自我调节，但同样也离不开政府的外部调节。当市场出现较大的非正常波动而无法实现自我纠正时，政府有必要采取一定的手段进行调节。税制结构不完善和政策缺陷会影响政府调控和政策导向能力。例如，从对房地产市场的调节来看，缺乏在房产保有环节对居民征收的房地产税，削弱了政府调节高房价与促使房地产业平稳健康发展的能力；个人所得税覆盖面较窄，所占比重较小，缺乏遗产税、赠与税、特别消费税等从不同环节对个人收入进行调节的税种，加上现有一些税种的制度缺陷，致使税收调节收入差距的能力有限。地方税体系建设进展缓慢。1994 年的分税制改革，初步形成了地方税的制度安排。总体而言，分税制改革的重点在于理顺中央与地方分配关系，同时提高中央财政集中能力。具体而言，在税基大、税源充裕的主要税种分享中中央占比较大，并将税收立法权限和管理权限上收中央，地方税收体系的安排不够合理。当经济进入新常态，地方税收体系的矛盾和问题逐渐凸显，不能完全适应经济社会发展新形势，与两级分权的要求也不相适应，亟待进一步完善。

第三章　财税体制改革面临各种不确定性挑战

习近平总书记指出："当前，我国正处于一个大有可为的历史机遇期，发展形势总的是好的，大局是稳定的。但我们面临的风险也是多方面的，有外部风险，也有内部风险，有一般风险，也有重大风险。"① 我国正经历百年未有之大变局，财税体制改革面临着风险与挑战。一方面，财政改革面临的公共风险不断扩大。当代中国正经历世界历史上前所未有、变化迅速的巨大经济社会变革。我国的改革，是一种整体性、系统性的社会变革，其各社会子系统之间相互影响、相互作用。实际上是涉及各个方面的复合性转型，不仅体现在经济层面由计划体制向市场体制转型，而且体现在政治、社会、文化等其他层面。科尔奈曾言，"转型并不仅仅只包括经济的转型，还包括了生活方式、文化的转型，政治、法律制度的转型等多个方面"②。我国的转型与升级正在向纵深发展，经济、政治和社会的转型升级正在深入推进，发展的阶段和逻辑主导正在由以资本逻辑为主转向以人民逻辑为主，加之全球化也处于转型之中，全球公共风险的演化、全球经济格局的变化，尤其是全球化和全球经济形势的重大变化，由"快乐全球化"转向"痛苦全球化"。总体来看，我国处于经济、政治、社会和全球化"四重转型"之中，财政面临的公共风险不断扩大，财政改革面临的公共风险不断扩大，需要加快改革。另一方面，改革本身的风险在加大，

---

① 《习近平关于"不忘初心、牢记使命"重要论述选编》，党建读物出版社、中央文献出版社 2019 年版，第 320 页。

② ［匈］亚诺什·科尔奈:《大转型》，载《比较》第 17 辑，中信出版社 2005 年版，第 2 页。

需要树立不确定思维和风险导向。

一、数字化趋势下政府与市场关系充满了不确定性

数字化的快速发展给所有的行业、产业，以及社会各领域都带来了一场翻天覆地的变化，可以说当今社会进入了一场"数字化革命"，这也对财税体制的运行基础产生了颠覆性影响。

经济领域的新变化，对经济转型和现行的财税制度和体系带来的冲击主要体现在两个方面：一是随着新经济的成长，我国的经济结构发生了较大变化，我国现在的财税体制与之呈现出较大的不适应性；二是数字经济和信息化发展迅猛，给财税体制带来了较大影响。

（一）全球的数字化变革

世界正变得越来越数字化，以人工智能、物联网、云计算、大数据和区块链为代表的新兴技术正在形成全新的经济形态——数字经济。在数字经济的大背景下，科技和创新正成为经济增长的重要驱动力，数字化成为企业生存和成长的必需品。但数字化不仅是技术的创新，更是一场认知、价值、战略和领导力的变革。

数字化的第一个阶段围绕企业的信息化和标准化展开，一般由企业的IT部门主导和负责实施，以提升边际效益为主要目标。典型实践包括企业的信息化建设、IT系统投入和开发、企业内部的数据打通、流程标准化，以及内部管控和量化KPI等。数字化的第二个阶段着力数字化变革，目的是通过面向数字化未来的全面变革，通过企业基本面的转型与重塑，在不断变化的经济结构和商业环境下，找到新的生存空间和成长点。

在数字化背景下，财政也正在经历一场数字革命。财政是为提供公共服务和福利、重新分配收入、缓和商业周期的起伏而进行收支的艺术。各国政府如何有效地开展这些工作，关键取决于其收集、处理信息及对大量信息采取行动的能力，例如公司和个人挣多少钱？有多少人失业？谁有资格领取政府福利？数字化正开始重塑税收和支出政策设计和实施的核心信息，不仅提供了提高现有政策有效性的工具，还引入了全新的政策工具。但也有不利的一面：数字化加剧了人们对隐私、保密和网络安全的担忧，同时也加剧了对不平等和再分配的更大辩论。国际货币基金组织财政事务部的一个小组表示，技术正在改变政府筹资和花钱的方式。在肯尼亚，人们可以通过手机交税；在印度，政府将补贴和福利款项直接存入接受者的银行账户，这些账户与唯一的生物识别信息相关联。在几个发达和新兴市场经济体，税务机关实时收集销售和工资信息，以便立刻深入了解经济状况。

通过数字系统、标准化的报告格式和电子接口，税务当局能够更好地获取私营部门收集的有关银行交易和利息收入等方面的丰富信息。例如澳大利亚和英国行政当局可以接收到雇主支付工资的实时数据。在巴西和俄罗斯，电子发票系统允许立即访问有关公司销售的数据。更好的数据收集，加之处理能力的提升，使各国政府能够改进现有的征税方式。电子申报使纳税人填写纳税申报表和政府处理纳税申报表变得更容易、成本更低。对第三方信息的访问现在已非常完善，因此税务机关预先填写纳税申报表涵盖的纳税人的数量虽少但在不断增加，这些纳税人只需核实提交给他们的信息而不用再自己填报。在巴西，公共数字簿记系统允许行政当局确定公司的所得税义务。中国使用发票核对技术，以验证寻求增值税退税的商家是否确定被缴纳了税款，在解决这个一直困扰着世界各地税收从业人员的问题上迈出了一大步。

有关纳税人个人的数据现在正在以强有力的方式进行汇总。在英国，英国皇家税务及海关总署的电脑系统利用广泛的政府和企业资源，以及个人数字足迹，建立纳税人总收入的个人档案，然后可以据此评估纳税人报告信息的准确性。这种日益提高的数据处理能力也可以用来改进收入预测。随着存储和分析数据能力的提高，政府可以利用税收收入与商业周期的相关性来预测经济危机，或者监控现金余额以评估流动性和借贷需求。

点对点商业模式的发展，使得买卖双方可以在数字平台上进行交易，这也为改善税收征管提供了新机会。在爱沙尼亚，优步（Uber）技术公司能够直接向国家税务部门报告司机收入。点对点平台也可以充当托管者，例如，在 10 个发达和新兴市场经济体，爱彼迎（Airbnb）为使用该平台的房东代扣代缴酒店税。

数字技术，包括电子支付系统，不仅降低了征税成本，还创造了扩大税基的潜力。例如，通过改进对纳税人的识别和监测，使纳税人更容易使用移动技术等手段遵守规定。数字技术还改进社会福利津贴的发放，数字化支付大大降低了管理项目的成本。

印度率先使用生物识别技术，向更多人提供社会福利（见专栏 3-1）。监测和记录生物特征的技术，如指纹和虹膜扫描可以更准确、更低成本地验证个人身份，确保福利只惠及预定的接受者。麦肯锡咨询公司估计政府支付流程数字化（收入和支出）能够使发展中经济体至少节省 GDP 的 1%。这一估计忽略了第二轮公共服务交付改进和扩大税基的积极效果，例如，印度对商品和服务征收新税（GST），在不到一年的时间里，注册纳税人的人数增加了 50%。

专栏 3-1　│印度的银行账户和生物识别技术│

近年来，印度政府的一些举措使印度经济得以大规模数字化。国家生物识别方案 Aadhaar 已经注册登记了大约 11.5 亿居民。2014 年 8

月印度政府又推出了一项增加进入金融系统机会的方案，截至 2017 年 3 月，已经开立了 2.8 亿多个银行账户。印度政府利用这些举措改善了社会福利的提供。2013 年启动的直接福利转移支付计划，通过将补贴和付款直接转入与受益人的 Aadhaar 生物特征相关联的银行账户，大大改变了发放补贴和付款的方式，其中之一涉及对烹饪用天然气的补贴。2017 年 4 月，政府要求人们在纳税申报中填写 Aadhaar 号码，2018 年又要求将个人银行账户与 Aadhaar 联系起来。

印度 2018 年预算同时也对企业提出了 Aadhaar 计划。据估计，截至 2017 年 3 月，印度通信和信息技术部在之前两年半时间里，从这些项目中节省的资金大约 70 亿美元。Aadhaar 系统第一个 10 亿多人注册的成本约为每人 1.16 美元，总成本为 13 亿美元。

资料来源：Sanjeev Gupta，"Public Finance is Going Digital across the World"，2018 年 5 月 11 日，见 http://www.imf.org。

发展中经济体也开始利用移动技术提供的巨大潜力。仅在撒哈拉以南的非洲地区，2016 年就有 4.2 亿独立手机用户。根据全球移动通信协会发布的《2019 撒哈拉以南非洲移动经济》报告中提出，撒哈拉以南非洲是移动用户数量增长最快的地区，当前至 2025 年间移动用户年均增长率将达 4.6%，至 2025 年移动用户数将增加至 6 亿多，占撒哈拉以南非洲人口约一半。肯尼亚是采用移动支付技术的先驱，其 M-Pesa 系统于 2007 年启动，可用于纳税。这种解决方案尤其给脆弱国家带来希望，因为在这些国家，冲突和腐败阻碍了税收福利的支付。移动技术还可用于提供更好的公共服务、跟踪医疗记录和传播信息。利用生物鉴别和数字支付系统更好地提供补贴可以减少对钝性再分配工具的依赖，为最贫穷人口提供可靠救济的精准支付会更有效和高效。

更有争议的是，技术有可能创造新的税收来源。目前许多公司如脸书和谷歌等，会在客户网上与它们互动时，收集非常有价值的信息。如果像一些人所说的那样，"数据就是新石油"这一说法是真的，那么我们是否需要一个特殊的制度来对数据征税，就像对自然资源征税一样？

敏感数据的安全存储是对发展中和发达经济体的财政部门同样关键的另一个领域，这正是区块链或分布式分类账技术拥有相当大优势的领域。区块链通过将数据放入共享的、分布式的分类账中，从而增加对交易系统的信任，创建无法丢失、更改或被盗的永久交易记录。英国就业和养老金部正尝试使用区块链记录福利支付和减少付款的超额支付。

数字技术可以用于改进现有税收制度，也为设计新税收制度提供了工具。例如，现行所得税制度随意以一年为计税依据，但这一时段太短了。因为人们的福利取决于更长时期的收入，原则上是整个一生。技术能够在更合适的时间跨度内征收税款和提供福利。大数据也可用于评估不遵守规定的风险，并预测新税收和支出政策对相关者行为的影响。广泛使用区块链技术原则上可以省去对增值税的需要，增值税在生产的每个阶段都要收取，并允许企业抵扣进项税。如果一个完整的交易链能够被安全记录，那么税收账户可以在生产的每个阶段持续进行记录，税收就可以简单地在最终消费时计算和征收。

当然，数字技术的好处也是有限的，它不能替代基本的程序和正确的操作。例如，以错误的信息预先填报纳税申报表，可能会鼓励作弊，因为纳税人没有什么动机去纠正那些减少他们税负的错误。政治、体制和人的能力方面的限制可能妨碍政府创新和采用先进解决方案。

（二）数字化对政府与市场关系和财税体制带来冲击

数字革命给市场、社会和政府带来了适应不断变化的挑战。对各国政府来说，积极和消极的影响都可能是深远的。鉴于私营部门创新的速度，政府显然迫切需要采取行动，利用机会和减轻风险。迄今为止的经验表明，许多好处是可以实现的。为获得数字革命的全部红利，各国必须把重点放在应对其最紧迫优先事项的解决方案上。例如，难以识别和帮助弱势群体的发展中经济体可能从用于执行社会方案的生物识别和信息系统（社会登记册）中获益最多。其他国家可能会求助于电子支付系统和移动技术来减少支出的泄露。但所有这些都需要采取措施避免以下陷阱：数字排斥、网络攻击、欺诈、侵犯隐私。这需要强有力的财政、政治和治理机构。

腐败的官僚和纳税人可能绕过数字系统，加密货币可能被用来逃税。尽管人们都在谈论低收入国家利用新技术超越更先进的经济体，但如果很大一部分人口无法进入数字世界，那么跨越的潜力将是有限的。值得注意的是，过去到处都是不成功和代价高昂的 IT 项目。此外，数字技术在网络安全、保护隐私和欺诈等领域引起了新的担忧。美国国税局和国务院等美国联邦行政机构的数据被盗，凸显出政府系统的脆弱性。一些欧洲国家可能面对多项欺诈性的增值税退税申请，单个退税申请数额太小，无法引起人们的注意，但这件事所引发的问题值得高度关注。我们应该知道公共财政数字化将牵扯出一场"军备竞赛"，而在这场竞赛中，胜利可能并不总是属于政府。

在企业领域，数字化扩大了当前系统面临的挑战，当前系统关注的是公司的实体存在。诸如字母表（Alphabet）、亚马逊、苹果、脸书等公司可以在一些国家拥有可观的经济影响力，而不会有太多的实体存在。更根本的是前面提到的一点，许多人认为，商业模式中的商业价值（尤其是对广告商而言），不仅是由企业本身提供的，而且是由在线服务的用户提供的。作为回应，一些欧洲国家建议，在用户创造的价值相当可观的情况下，对部分营业额（而非利润）征税。挑选数字公司进行特别税务处理，本身就存在很多问题，因为这些技术对所有公司的有效运作都变得至关重要。此外，人工智能和机器人技术的进步引起人们对失业率上升和不平等扩大的担忧。如果这些担忧被证明是真的，政策制定者可能面临税基缩小和社会福利支出上升的前景。一些观察人士建议对新的机器人资本征税。另一些人则呼吁代之以更公平地分配资本所有权，对自动化产生的利润征税，因为自动化使与新技术相关的生产率得以提高。普遍基本收入（universal basic income）的想法，虽然比经济状况测试的系统更昂贵，也正在获得支持。

从税收征管制度来看，迫切需要以大数据技术为基础构建新的税收征管模式。我国的税收征管模式，经历了固定管户、专管员管户、征管查三分离，以及"申报—代理—稽查"等模式的转变。随着数字化时代的来临，我国现行税收模式受到严峻挑战。数字化突破了传统的交易方式，如何实现公平征税、如何防止税收流失、如何进行跨区域税源监管、如何维护本国的税收权益，都成为亟待解决的问题。同时，数字化和大数据的快速发展，也为税收征管模式的创新带来了机遇。在数字化和大数据下，信息不对称的问题，在征管领域得到部分解决，并且有利于提升税收的征管能力和效率。

二、社会结构的快速变化带来新的不确定性

社会转型向纵深发展，社会领域出现了一些新的变化，民粹主义抬头、利益分化、社会流动性加强和老龄化加快到来等，带来了一些新的风险和挑战。

（一）静态社会向动态社会转变，公共服务与人脱节

静态社会向动态社会的转变，是我国当前社会领域一个显著的特征。

改革开放之后，随着人员和贸易的流动，我国开始由一个相对静态或静止社会，向一个动态或流动社会转变。目前我国已经进入了流动人口规模巨大的社会，如图 3-1 所示。根据 2021 年 5 月发布的第七次全国人口普查数据显示，2020 年我国流动人口为 37582 万人，其中，跨省流动人口为 12484 万人。

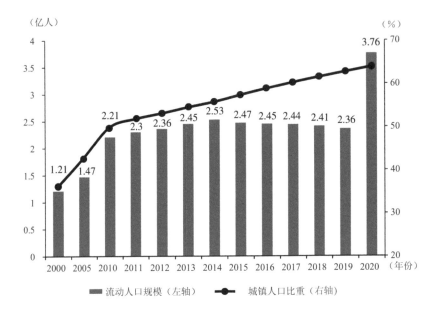

图 3-1　2000—2020 年中国流动人口规模与城镇人口占比变化趋势

注：2000 年、2010 年、2020 年的流动人口数据为当年人口普查时点数据。

资料来源：历年《中国人口和就业统计年鉴》。

我国现行的财政体制还是以静态的人口测算为基础，即以假定人口不流动为前提。以此为基础的上级政府对下级政府公共资源的分配也相应的是以户籍人口为基数，并也以属地化的户籍人口基数为基础，划分事权与支出责任，设计和确定转移支付方式和规模。然而，城镇化所带来的人口的流动，改变了财政体制设计的前提。原有的以静态的户籍人口提供公共服务和制定转移支付政策显然无法适应流动社会的需要，产生了一些矛盾。例如，对于人口流入的发达地区来说，虽然流入人口对该地的经济发展作出了贡献，但该地很难有足够的财力提供流动人口的公共服务，因此，将有可能导致流动人口无法享受城市基本公共服务的状况。这就需要打破原有的政策和制度框架，将流动人口这一要素纳入财政体制的设计之中。虽然，我国近些年的财政体制改革体现了这一方面的要求，但这一问题仍没有从根本上解决。

（二）老龄化社会的加速到来，带来严峻挑战

根据国家统计局发布的数据，截至 2020 年，我国 65 岁及以上人口为 1.9 亿人，占总人口的 13.21%，相比 2010 年提高 4.63 个百分点，平均每年增长 0.46%，如图 3-2 所示。可以说，老龄化社会正加速到来，并将很快进入深度老龄化社会。我国这一状况的变化，将在两个方面对财政带来

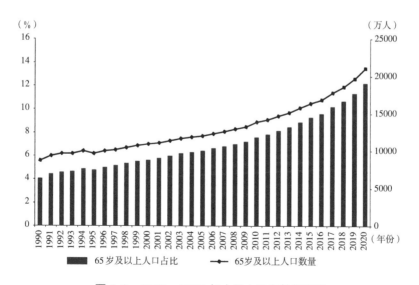

图 3-2　1990—2020 年中国人口老龄化程度

资料来源：《中国统计年鉴（2021）》。

深远影响：一方面，人口结构的变化，尤其是深度老龄化的逐渐到来，将对经济活动以及财政收入状况产生影响；另一方面，则需要加大养老社保等方面的支出，对财政支出结构带来影响。

其一，人口老龄化拖累经济增长。人口红利是中国经济增长奇迹的来源之一，老龄化压缩了中国人口红利窗口期，直至完全消失。另外，按照新古典经济理论关于社会财富生产和积累的机制来看，劳动是重要的增长要素，人是技术创新和内生增长的基础，人口老龄化导致劳动供给不足，社会投资和总需求下降，抑制技术创新，必然拖累经济增长。中国在1962年迎来史上最大规模的"婴儿潮"，他们在1978年达到劳动年龄16岁，需要抚养的孩子、扶养的老人都比较少，正逢改革开放和后来的社会主义市场化建设，这代人成为"中国增长奇迹"的主力，也是人口红利的缔造者。然而，随着这批劳动力进入退休年龄，逐渐退出劳动力市场，存量劳动力迅速减少，社会养老金负担也迅速增加。老龄化抑制了社会财富生产和积累机制的运行。劳动力供给和老年人口增加此消彼长，社会老年抚养压力快速增加，这样就会影响整个社会的生产和消费的资源配置，进而影响经济增长。

其二，人口老龄化加大养老社保等方面的支出需求，对财政支出结构带来影响，增加了财政负担。尤其是受经济增长下行、降税降费、新冠肺炎疫情等因素的影响，财政收入增幅呈现总体下滑趋势，财政将长期处于紧平衡状况，这一变化将会增加财政的困难。

其三，从社会保险基金的筹集和管理机制来看，现有的模式很难满足这一需要。当前我国社会保险基金在筹集、运营和管理等方面存在的问题日益凸显，以行政收费方式筹集社会保险基金导致资金筹集效率低下，且部门之间的碎片化管理方式弱化了社会保障功能，这一系列问题的存在不利于我国社会保险基金的保值与增值。

（三）利益分化，机会的不公平容易引发民粹主义

自 20 世纪 50 年代我国实行社会主义改造和建设以后，直至 70 年代末，我国各社会群体在经济地位上的差异性减少，利益结构相对单一。改革开放后，随着经济制度的变迁和经济体制的转换，我国原有的利益主体发生分化，新的利益主体相继产生，利益主体趋向多元化。特别是 90 年代中期以来，我国阶层之间的界限越来越明显，其经济利益发生了很大变化，逐渐出现了形形色色的利益集团。

随着利益分化和收入差距拉大，不同利益主体之间的利益矛盾和利益冲突日益成为影响社会稳定的重要因素。现代化发展与转型使中国社会结构发生分化，与之相对应，社会思想也由相对简单的一元性向多元性转变，社会共识将在一定程度上随着多元化的发展而削弱，尤其是在利益分化的情况下，更容易使社会出现诸多"撕裂"现象，社会不信任感上升。社会不信任加剧，不仅表现在官民、警民、商民、医患、富贫等群体间，也表现在不同阶层、群体之间，从而导致社会风险积聚、社会冲突增加。利益分化、共识阙如与社会问题丛生，增加了我国社会治理的难度。

群众路线是我党的优良传统，倾听群众的呼声、了解并满足群众的合理诉求是我们处理事务的原则。但在社会转型时期，由于各种矛盾的出现，一些矛盾，特别是社会不公引起的矛盾，容易引发激进观念，产生非理性民粹主义。特别是在思想趋于多元化的情况下，公众真正、合理的诉求往往被非理性的要求所掩盖。非理性民粹主义，将会导致社会的激进与盲从，难以形成一种理想的社会共识。如果在政策决策中，一味地呼应这种非理性民粹主义的诉求，就会陷入"非理性民粹主义"陷阱。在拉丁美洲、中东等地区都曾出现过这种陷阱，使当地的发展陷入停滞状态。

近些年来，我国出现了民粹主义抬头现象，干扰了正常的改革环境，给改革带来较大压力。调查显示，"49.5％的受访者具有民粹化特征，其

中，31.3％的人属于民粹特征显著群体，18.2％的人属于有一定民粹化倾向群体。在民粹化特征群体中，男性占55.8％，女性占44.0％。在党员群体中，民粹特征显著者占30.8％，有一定民粹化倾向者占20.6％。从行政区划来看，日常居住地为乡镇、村的受访者中，民粹化特征群体和民粹特征显著群体所占的比例最高，分别占乡镇、村受访者的57.5％和41.3％；居住在直辖市的受访者民粹情绪较低，比例分别为48.1％和29.0％。日常居住地为海外的人，民粹特征最不显著，比例分别为21.7％和8.3％"①。

（四）环境治理成本带来的财政压力

随着我国社会发展、人口数量增加、生活水平提升，以及工业化和城镇化进程加快，能源和环境问题日益凸显，尤其是在一些地区生态环境总体呈现恶化趋势，资源和生态环境的承载能力已近极限。我国中东部地区因雾霾天气造成重度空气污染已饱受国内外非议，城市"令人窒息"，给人们生产、生活带来极大的负面影响。

为此，中央提出了生态文明建设，并将其放在突出地位，在诸多方面采取了一系列措施，将其与政治建设、经济建设、文化建设、社会建设等诸多方面相互融合、相互衔接。党的十九大提出，"防范化解重大风险、精准脱贫、污染防治"是中央确定的三大攻坚战。然而，就财税体制而言，还存在诸多不适应生态文明建设要求的地方。例如，当前流行的生态补偿做法，是运用经济手段来减少生态环境损害的一种方式。但这种方式应有一个前提：建立纵向的产权制度，对各地方权利、责任有明确的界定。否则，生态补偿是不符合经济逻辑的。不是基于产权制度安排的生态补偿，

---

① 人民论坛问卷调查中心：《中国公众的民粹化倾向调查报告（2012）》，《人民论坛·学术前沿》2012年11月（下）。

只是带来无休止的讨价还价和相互攀比。在这种情况下，要么，生态补偿无法操作，协调成本太高；要么，生态补偿效果不佳，甚至适得其反。生态补偿，是基于对主体权利的限制，在没有法律明确赋予其权利的时候，补偿是不成立的。按照各自的理解或流行的习惯、做法来给予补偿，带来的是公共风险，而不是激励，更不是公平。此外，财税制度和政策中，还存在诸如税制的绿化程度不够、财政补贴制度不合理、没有形成有效的财政激励和约束机制等问题。为此，需要进一步深化财税体制改革，以有利于保护环境、节约资源。

三、政府间体制安排中的激励不相容与"风险大锅饭"

（一）激励目标的变化

改革开放后，调整中央与地方关系成为政治转型的重要内容。我国在放权让利方面采取了一系列的制度安排，激活了地方的积极性。由此引发的地方竞争也成为我国 40 多年经济高速发展的重要因素。随着地方过度的竞争，不仅带来了地方发展一些负面因素，影响了市场和企业的公平竞争，而且弱化了中央的权力，出现了上有政策下有对策等不良现象，影响了国家治理能力。针对这种情况，我国开始调整中央与地方关系，增强中央的权威。但这也带来了一些新的问题，即地方的积极性不高，有的地方被动地执行中央政策；有的地方能推则推，把责任上移。这样，在地方治理中又出现了新的风险。

需要看到的是，过去我们的考核主要考虑 GDP，现在涉及稳增长、调结构、保稳定等多重目标。设计相容机制难度大大增加，要用系统的治理思维来实现，目前来看，这种机制还没有有效形成。

（二）"风险大锅饭"体制没有发生根本性变化

从当前情况来看，地方的积极性在下降，仅靠中央的作用，未来的公共风险会更大。各层级政府间事权、财权划分不是不清晰，而是不确定、不稳定，难以预期。这导致上级政府总是把支出责任往下移，导致下级政府的风险压力和风险防范能力不相匹配，最终风险上移，变成了"风险大锅饭"，道德风险难以避免。通过中央向地方的适度分权，明确地方相对独立的治理主体地位，按照国家、地方两级治理体系，建立中央与地方政府间可以预期的较为稳定的职责分担，真正形成风险分散机制。中央政府应承担更多的基本公共服务职责和司法、边境、边防、安全等职责。地方政府尤其是省级以下基层政府则主要负责改善本地区公共服务、公共基础设施、公用事业以及治安等事务。支出责任要按受益范围的大小由各级政府来分担。合理配置各级政府的财权，逐步健全地方税体系，提高地方政府财政平衡能力。通过分权改革，因地制宜，让地方有自主权和责任约束。约束的前提是责任、权力的确定性、可预期性，这比清晰、合理更重要。清晰、合理总是相对的。

四、成长中的大国财政：能力与责任的不对称

当前，全球化及全球经济形势发生了重大变化，全球利益分配失衡，"快乐全球化"转向"痛苦全球化"，全球贸易摩擦升级、回波效应以及全球经济下行都可能引发新的风险，使我国发展的外部面临更多的不确定性和风险。

（一）"快乐全球化"转向"痛苦全球化"

全球化是促进全球经济发展的主要动力，它提高了全球资源的配置效率，使各国在全球化获得丰厚的收益。这是一种"快乐全球化"，各国都在这一全球化稳步提升本国经济社会发展水平。然而，随着全球经济的发展，全球化的弊端也在不断显现，利益不均衡是其中最为突出的一个问题。全球化导致的利益不均衡，主要体现在两个层面：一方面，国与国之间的利益不均衡。由于各国产业结构和技术水平不一样，因而在全球经济利益中分配地位和所得也并不相同。处于产业链技术水平较高的上端国家获益较大，处于产业链下端的国家获益相对较小。日积月累，差距不断扩大，逐步形成了利益失衡。另一方面，全球化对各国内部不同群体的影响也是不一样。例如，发达国家的一部分制造业外移，虽然使其本国的资本家可以在全球获得巨大利益，然而对本国的产业工人而言，由于在产业外移中失去了工作，因而使其利益受损，导致收入差距的不断扩大。例如，美国最富有的 1% 人群收入占比从 1980 年的 10.7% 上升到 2015 年的 20.2%，50% 低收入群体的收入占比从 1980 年的 19.5% 下降到 2015 年的 12.5%；从存量财富占有来看，最富有的 1% 人群占有 37.2% 的社会财富，比 1980 年上升了 15 个百分点，50% 低收入群体的存量财富由 1.2% 变为净负债（−0.1%）。1980—2016 年，欧美国家前 1% 的富有群体收入增长约 200%；新兴国家劳动者收入增长约 100%，与此同时，欧美国家后 90% 收入的群体平均收入只增长 50%。劳动回报不足给发达国家"沉默的大多数"带来不平等感。[①] 因此，即使在总体收益的发达国家，其内部对全球化表现出不同的意见。随着利益失衡的扩大，"快乐全球化"逐

---

① 参见林采宜、王耀辉：《经济逆全球化的原因和影响》，2019 年 1 月 14 日，见 https://baijiahao.baidu.com/s?id=1622628162776550090&wfr=spider&for=pc。

渐向"痛苦全球化"转变。

在这转变中,引发了"逆全球化"现象。近些年来,由于全球经济增速持续下滑,加重了原有的全球结构性矛盾,如全球贫富悬殊拉大、利益分配失衡、失业问题凸显等。这些问题又成为民粹主义思潮兴起的重要诱因。美国等国家奉行本国利益至上,有的甚至明确提出本国优先的口号,贸易保护主义抬头,给全球化的进展蒙上了阴影。再如,在欧洲,"逆全球化"主要表现为反欧洲一体化。第二次世界大战后,欧共体的成立实现了欧洲内部长久以来的和平与稳定。但随着成员国发展水平的差距不断加大,利益诉求出现了差异,欧洲内部的凝聚力不断降低,并在2008年欧债危机后集中爆发,出现了极端民族主义和民粹主义的上升,直接的后果就是人们开始反欧洲一体化。反欧洲一体化,实际上就是"逆全球化"。英国"脱欧"就是一个例子。英国不愿意再为高债务国承担高额的债务,不愿意再接收来自成员国以外的人口涌入,于是以"脱欧"来表达对欧盟内部现状的不满。

纵观千年全球发展史,全球化是全球经济发展的内在逻辑所致,也是人类发展的必然选择。全球化进程并非直线式的,更多的是波浪式推进。当今全球和区域生产供应链和贸易网已经形成并日益发达,各国经济处于一个相互联通、相互依赖的网络之中,全球化发展的大势不会逆转,不以某个国家或个人的意志为转移。虽然全球化大势不会逆转,但出现新变化,本国利益至上和贸易保护主义成为全球经济持续复苏的一大障碍。在这种情况下,我国发展的外部不确定性加大。

逆全球化趋势下,主要经济体之间的摩擦极容易升级并失控,贸易保护主义的方式和手段更加隐蔽、复杂和多样化,全球贸易摩擦呈现出以下一些新特点和趋势。

其一,发达国家成为贸易保护的主要实施主体。以往传统贸易保护主义的实施主体主要是经济欠发达国家,这些国家中的多数由于选择进口替代经济发展战略，为了保护国内刚刚起步的工业，不得不实施有选择的贸易保护政策。然而，现在发达经济体转向贸易保护主义的态势表现更为显著，并成为贸易保护的主要实施主体。2008年国际金融危机后，发达国家经济增长下滑，为了改变这种状况，转移本国风险，发达国家频频祭出贸易保护的措施，在全球范围内不断制造贸易摩擦。数据显示，近几年采取贸易救济措施较多的国家为美国、德国、法国、英国、意大利、日本等。

其二，贸易摩擦的领域不断扩大。从贸易救济和贸易争端涉及的产品来看，发达国家主要是金属及其制品，涉及的产品领域较为集中。新兴经济体反倾销涉及的产品类别较为分散，从化工产品、机械产品再到纺织原料等都有涉及。贸易摩擦的领域发生变化，由以往的传统商品贸易领域不断扩展至中高端产品领域。近几年，则向投资领域扩展，一些发达国家以安全为借口，对跨国并购采取越加严格的管制，将一部分竞争性产业拒之门外，给国际资本流动带来障碍。

其三，贸易保护的措施和摩擦手段日益多样化、隐蔽化。以前，贸易保护多是以反倾销、反补贴等传统手段为主，当前则呈现出非传统特征。一些发达国家纷纷采取诸如绿色环保标准、卫生检疫规定、技术标准、劳工标准、知识产权等，以及透明度更低、隐蔽性更强、更不易监督和预测的非关税保护措施。

全球贸易增速急剧下降，由2018年年初的超过5%降至几近为0。随着贸易冲突可能升级，世界贸易萎缩会进一步拖累全球经济。与此同时，资本和商品市场的波动说明全球金融环境在收紧。当前，主要经济体相互误判是全球增长的最大威胁。贸易摩擦十分危险，不是因为迄今为止它是否造成了多大直接损害，而是因为它很容易升级并失控。尤为重要的是，以美国为首的西方发达国家，把贸易摩擦的矛头指向中国。当西方国家遭遇经济衰退，一些西方政客便把矛头指向中国，认为过去给了中国太多的优惠条件，认为中国工人抢走了他们的工作岗位，并以此为据大造舆论，采取行动联手遏制中国。西方对中国及中国企业的各种责难、调查越来越多，对中国采取的各种惩罚性措施也变本加厉，可以预计未来形势会非常严峻。特别是中美贸易摩擦将进入长期化、激烈化的趋势，并扩展到金融、科技等领域，这将加大我国发展的风险和不确定性。

（二）回波效应加大不确定性

2010 年，我国超越日本成为全球第二大经济体。我国经济总量占全球 GDP 的比重由 2000 年的 3.6％上升到 2019 年的 16.4％，占美国 GDP 的比重由 2000 年的 11.7％上升至 2020 年的 74.4％。我国经济实力的大幅提升，使全球格局发生重大变化。

我国的快速发展，经济体量不断增大，我国与全球经济之间的关系也发生了变化。以前，全球经济主要是作为我国经济发展的一个外部变量，影响着我国经济的发展。每当全球经济这个外部变量发生变化的时候，就会相应传导到我国。例如，外部需求的变化，会对我国的生产和进出口产生重大影响。可以说，全球经济感冒了，中国就会打喷嚏。在这种情况下，我国主要是受全球经济的影响，而我国对全球经济的影响则相对较小。但随着我国经济体量的增加，我国与全球经济的这种单向关系发生了变化，我国不仅受全球经济的影响，而且自身的改革与发展也对全球经济产生越来越大的影响，尤其是这种影响将形成回波效应，进而又将影响传递到国内。

一个经济体量越大，其回波效应越大。我们必须站在全球的角度，看待我国发展的不确定性。全球经济对我国的影响，既可能是单纯的外部环境引起的，也有可能是我国改革和政策的变化，对全球产生了影响，由于回波效应，进而又反过来影响我国。回波效应使我国与全球经济关系日益复杂，这也意味着我国的发展环境并不是线性的，而是非线性的，加大了外部环境的不确定性。

从全球治理角度来看，全球公共风险不断演化，及其复杂化、传递性强和危害性日益增加，单个风险往往先从一国爆发，迅速传递到其他国家，形成全球风险，现有的全球治理机制很难应对全球公共风险的这种变化。加之以中国为代表的发展中国家在全球经济中的迅速崛起，以及回波效应在深度和广度上扩大，都需要对由发达国家制定的全球治理体系和规则作出相应改变，建立更为公平的全球治理规则，这些都需要大国财政发挥更加积极的作用。

当前，全球经济增长势头逐渐减弱，全球经济越来越脆弱，未来衰退的概率大幅增加。欧洲政治上的不确定性对经济影响大，导致市场信心下降。这些不确定性包括英国"脱欧"，法国马克龙政府面临的挑战以及德国议会的政治危机。信贷紧缩和贸易紧张局势等经济因素更是使欧元区经济雪上加霜。在长期增长疲软的经济环境中，日本经济增长出现周期性下降。其他如巴西和墨西哥等国家，政治不确定性亦不断增加，严重影响经济发展。①

因此，当今世界处于百年未有之大变局，且全球经济进入"新平庸时代"。以美国、欧洲部分国家为中心，西方国家内部经济结构失衡、社会两极分化等诸多矛盾累积。加上新技术革命及气候危机等因素的影响，未来国际经济和全球治理面临极大不确定性。各国尤其是一些发达国家，试图将风险和不确定性转移给其他国家。例如，英国"脱欧"，法国、意大利等国的民族主义、民粹主义上升，"美国优先"战略和贸易保护主义大行其道等，都是试图将风险转移给其他国家的表现。全球风险的分担机制

---

① 参见刘尚希等：《复杂国际形势：对经济安全的严重冲击与财政的作用》，《财政科学》2019 年第 4 期。

变成风险的"互害"机制，使得全球风险呈几何级数放大。

总之，回波效应使我国与全球经济关系日益复杂，加大了外部环境的不确定性。

（三）经济的大国与成长中的大国财政

2012 年，党的十八大作出"建设命运共同体"的重大决定，自此，命运共同体就成为我国大国治理的关键理念，并成为外交、外经、外援和政府间国际合作的重要主题。坚持多边主义，谋求共商共建共享，建立紧密伙伴关系，构建人类命运共同体，是新形势下全球经济治理的必然趋势。大国财政是建立在大国实力基础上的，通过参与全球资源配置，承担全球风险治理责任，实现全球利益分配，进而化解全球公共风险，引领人类文明进程。

对于中国的发展，世界银行有一个经典的评论：在人类历史上，还从来没有一个国家，在持续这么长的时间里，经历过这么快速的增长。国际体系转型的加剧与加速，把中国推向世界舞台的中心，因为无论在"金砖五国"还是在二十国集团中的新兴市场群体中，中国经济实力和国际影响力都居于首位。2008 年以来，中国为应对国际金融危机展现出了负责任的大国形象。

然而，值得深思的是，中国已经跃升为世界第二大经济体，无论经济总量还是全球影响力，都证明中国已经进入"大国经济"行列中来，但是，中国经济具有突出的"大而不强"的特征，中国的大国经济与世界发达经济体所呈现的大国经济有较大的差距。其原因在于我国大国财政的制度体系构建尚在初期，影响力较弱，风险点较多。鉴于制度建设的滞后性，大国财政与大国经济的不匹配程度会随着大国经济的不断发展而加大。滞后的大国财政制度势必会加大大国经济运行的制度成本，不合理的财政制度会使经济运行效率大大降低。同时，大国财政构建滞后于大国经济的发展，会降低大国经济的国际化进程。大国财政实际上更表现为一种国家交往手段，直接影响大国经济的国际行为，在全球利益分配与风险分配中发挥更为重要的作用，为大国经济争取更多资源，并通过财政支出或税收手段在全球风险防范中发挥更大的作用。

因此，现阶段，我们的关注点应该从大国经济向大国财政的构建上转移，使得大国财政更好地服务于国际话语权的提升以及全球风险的有效治理，让大国财政与大国经济得到更加有效的匹配，为大国的国际影响力奠定坚实的财力后盾。大国财政是推进人类命运共同体建设的基础、支柱和利益分配的关键性抓手。大国财政是建立在大国实力基础之上，通过参与全球资源配置，承担全球风险治理责任，实现全球利益分配，进而化解全球公共风险，引领人类文明进程。财政的本质是以国家为主体的利益分配关系，大国财政的本质是以大国为主体的全球利益分配关系。国家财政的职能是资源配置、收入分配、经济稳定和经济发展，大国财政的职能相应是全球资源配置、全球利益分配、承担全球风险治理责任和化解全球公共风险，这四个方面既是大国财政的核心内涵，也是大国财政的基本定位。

主导全球资源配置的能力和服务人类共同利益是区分大国财政与国家财政的重要标志。大国财政通过支撑全球公共事务的方式，尤其是以制定国际规则、国际规范、国际标准等形式作为控制全球资源的必要手段。如在基本公共事务中，要着力处理好和平与安全、冲突、金融稳定、额外财政支持、经济稳定、防止全球经济衰退、创造可持续发展的环境、传染性疾病防控、基础教育与消除贫困等问题；在扩展性公共事务中，要有效推进国际交通运输系统规范与标准、尊重人权与国家主权、多边贸易协定、语言的融合、生活方式及其他社会标准规则的协调等事务；在特殊公共事务中，要推进落实臭氧层保护、减少消耗臭氧物质释放量、大气净化、减少二氧化碳排放量、公海保护等措施。

　　中国必将走向大国财政，而以人类命运共同体为核心目标的大国财政是中国财政发展新时代特征的重要体现。伴随着全球经济治理体系的调整与改革，中国日益成为国际治理舞台的中心，在"一带一路"建设、上海合作组织、"金砖五国"、亚太经济合作组织（APEC）和二十国集团（G20）中，中国都发挥着重要的核心作用，并以大国财政的担当居于关键性的主导地位。如在上海合作组织中，中方支持逐步建立区域经济合作制度性安排，支持建立地方合作机制，并积极开展中小企业合作[①]；在加强"金砖五国"的协作上，中国积极支持寻找发展政策和优先领域的契合点，继续向贸易投资大市场、货币金融大流通、基础设施大联通目标迈进，谋求经济、社会、环境效益协调统一，实现联动包容发展[②]；在G20机制中，中国提出加强宏观政策协调，合力促进全球经济增长、维护金融稳定、继续支持多边贸易体系，避免发生全球金融"踩踏事件"和反对贸易保护主义；而在APEC体系中，中国提出"经济全球化在形式和内容上面临新的调整，理念上应该更加注重开放包容，方向上应该更加注重普惠平衡，效应上应该更加注重公正共赢"[③]。中国日益成为推进人类命运共同体建设的重要力量，国际舞台上的"中国声音"日渐增大，中国道路、中国模式和中国力量越来越成为全体经济治理体系中不可或缺的重要基础和支撑条件。大国财政力量的增强不仅表现在经济方面，还意味着以中国为代表的新兴经济体将会打破西方大国财政主导全球风险治理的格局。处理好本国利益与其他国家利益乃至全球共同利益的关系，是我国大国财政面临的一个重大命题。

---

① 参见习近平：《团结协作　开放包容　建设安全稳定、发展繁荣的共同家园》，《人民日报》2017年6月10日。

② 参见《习近平谈治国理政》第二卷，外文出版社2017年版，第492页。

③ 习近平：《抓住世界经济转型机遇　谋求亚太更大发展》，《人民日报》2017年11月11日。

五、要用公共风险思维来深化财税体制改革

在全面深化改革时期，我国前期推行的一些改革，都已经进入了攻坚时期，行政体制改革、资源环境价格改革、垄断行业改革、财税体制改革、金融体制改革等面临的难度和复杂性都超过前一阶段。各项改革已进入深水区，面临着诸多深层次的问题，操作风险加大，改革本身的风险在加大，需要树立不确定思维和风险导向。

（一）财税体制改革推进遇到更大阻力

在复合转型向纵深发展的情况下，各种利益关系更加复杂。财税作为各种利益的交汇点，其改革也必然遇到更大的阻力。我国的改革是包括经济、政治、文化、社会、生态等在内的整体性改革。整体推进与重点突破相结合是改革总体特征。进入新时代之后，我国的社会主要矛盾发生了历史性变化，对改革的整体性有更高的要求。随着社会发展与转型以及改革的逐步深入，各系统的关联性不断增强，要求协调推进的压力也越来越大。任何一个短板都会制约其他方面的发展。

从改革的阶段性来看，全面深化改革的复杂程度超越以往的改革阶段。改革进入深水区，不仅面临着诸多深层次的矛盾和问题，而且由相对单一到复杂，由经济领域不断向政治、社会、文化、生态、党的建设等领域拓展，加大了改革推进的难度，增加了改革的不确定性。

在前一阶段资本逻辑主导下的改革与发展，带有明显的"增量共享"性质，能使各个阶层的人们普遍感受到改革带来的好处。因此，人们真诚地拥护和支持改革，使改革推进较为容易。然而，随着改革深入推进，这种让所有人都受益的"帕累托改进"式的改革空间已经用尽，在这种情况

下，改革的"增量共享"性质减弱，存量调整势在难免。任何一项改革的推动，都有可能触动部分人的利益。

收入分配差距、利益分化加大了利益调整的难度。近些年来，我国收入差距总体呈缩小的趋势，但差距仍较大。2008—2019 年我国整体基尼系数呈波动性下降趋势。其中，2008—2015 年由 0.491 变动为 0.462，下降速度较快，但这一态势在 2015—2018 年之间出现反弹，由 0.462 提升到 0.468，并从 2018 年开始重新呈现下降趋势。收入分配问题处理不好，不仅导致消费需求不足，影响人力资本投资和创新能力，阻碍产业结构的调整和增长方式的转型，而且危及社会和谐和社会稳定，削弱改革的动力，并且形成阻碍改革的实际障碍。

在收入分配差距过大、利益分化的情况下，存量利益调整使财税体制改革遇到更大的阻力。这在房地产税改革上明显体现出来。房地产税是诸多利益矛盾的交汇点和集中点，其复杂性和社会关注程度都要高于个人所得税。党的十八届三中全会首次提到"加快房地产税立法并适时推进改革"。无疑，推进房地产税改革，无论是对完善税制结构、调节居民财富分配，还是提升地方治理能力，调节住房投资和消费，促进房地产市场平稳健康发展，都有积极意义。从当前情况来看，推进房地产税改革，不仅要解决一些困难较大的技术性问题，而且要从法理上、理论上和逻辑上等诸多方面深入研究，破解一些难题，以扩大共识。同样，中央与地方财政事权与支出责任划分、支出结构调整、预算改革等其他财税体制改革的推进都遇到了更大的阻力。

（二）复杂性加大带来更多的操作性风险

改革越是向纵深发展，复杂性越大，面临的操作性风险也就越大。在改革操作上，没有把财税体制改革作为国家治理的基础和重要支柱，只是将其等同于其他部门一样的改革，没看到财税改革的独特性、基础性，当前一些改革本应纳入财税范畴但却未纳入，导致了当前的财政为"小财政"，既不能有效统筹公共资源的配置和使用，也降低了通过公共资源的使用来提升政府治理能力的效果。例如，国有企业改革和产权改革即是如此。下面以产权改革为例简要说明。

产权是市场经济的基石。产权源自所有权，但又超越所有权，是所有权权能结构化、社会化的产物。但产权制度并没有纳入财税体制改革的范畴，不仅造成产权制度缺失，引致了包括资源环境风险在内的多重公共风险，而且扭曲了中央与地方财政在产权收益上的关系。我国法律规定，属于国家所有的公共资源由国务院行使所有者权利，即国家所有权代表是中央，地方无法律资格来行使国家所有权。但从实际来看，国有资源收益绝大部分归地方政府支配。"土地财政"的问题，从产权制度来看，根本问题是地方在没有土地产权的情况下，却获取了土地出让收益。地方政府以国家的名义行使了所有权，吃的是国家所有权的大锅饭，实际吃的是资源环境的大锅饭，地方政府的行为也由此而改变。这带来了快速的经济增长，也付出了巨大的资源环境代价。而我国的财政体制却只是在分税制上做文章，大量所有权收益置于财政体制框架之外。大量国有资源收益留给地方，也扩大了各区域之间财政能力的差距，从而扩大了公共服务的差距。全民所有的资源收益无法做到全民共享，有违全民所有制的初衷，而资源环境恶化带来的风险却由全民来共同承受。①

财税体制改革是整个治理体系的改革。需要靠整个政府系统协力推进，而不能只靠财政一个部门去推动。有些改革，只靠财政部门去推进，成为当前财税体制改革推进的一个难点，也是制约改革效果的一个重要因

---

① 参见刘尚希：《自然资源设置两级产权的构想——基于生态文明的思考》，《经济体制改革》2018 年第 1 期。

素。例如，财政事权与支出责任划分，面临一些困惑和难点，如事权与支出责任划分不够清晰、不够匹配，其根源就在于政府职能和事权的调整没有到位，特别是中央与地方的事权没有划分清楚，一些事权究竟由哪级政府承担，其责任怎么确定，并没有一个明确的界定，仅靠财政部门去推动，就会面临很多的难题。政府的职能和事权划分，是财税体制改革的前提和基础。试图抛开政府职能和事权的调整，仅通过财政领域事权和支出责任的划分，很难真正理顺中央与地方的财政关系，也很难建立一个符合两级治理体系需要的财税体制。

同时，由于财税改革与政府职能和事权调整不匹配，尤其是责权不清，相关体制机制不健全，导致了其他部门的一些改革与财政管理相脱节的情况。每当这些部门的改革出现问题或困难的时候，总是让财政被动买单，承担改革的不良后果和成本。这与财政在国家治理中的基础和支柱作用相悖，不仅未能形成有效的激励与约束机制，造成了治理效率的下降，而且使财政的包袱越来越重，容易产生财政领域的塔西佗陷阱，形成政府信用风险。

此外，值得警惕的是，在中央与地方事权不清晰，或者是划分不合理的情况下，如果过度下放财权，将会导致中央与地方的支出责任不合理，超越两者在财政支出中的合理的"度"，中央财政占比越来越低，地方支出越来越高。由于地方支配和使用财政资金的效率比较低，并且越往下一级政府转移，其合理和有效使用资金的能力就越低，这不仅造成财政资金的低效使用和大量浪费，超过财政的承受能力，而且影响了治理能力，甚至可能导致地方治理危机。

（三）政策与改革不协调导致新风险

政策与改革，实际上反映了应对风险方式和方法中的短期与长期的关系。政策与改革的不协调，意味着应对风险中的短期与长期的方式方法出现了问题，就会导致新的风险。一些问题，从短期来看，是靠政策应对；但从长期来看，需要用改革去防范和化解公共风险。但如果过多地运用政策手段去化解，仅仅以政策应对眼前的风险，而把改革放到一边，就可能导致未来的风险越来越大。例如，在宏观调控中，就曾出现这种问题。有关部门试图以宏观政策代替结构性政策，结构性政策调整不作为，单纯用总量政策来解决快速发展和利益格局不断变化中的结构性问题，难以起到预期作用。应该明确总量政策和结构性政策的功能，使其各自归位。

能不能做到公共风险最小化，是衡量国家治理现代化的基本标准。用风险的标准来衡量国家治理现代化，就是及时跟进风险、防范和化解风险，做到公共风险最小化。防范化解风险，政策与改革措施就可能不协调，造成脱节。因此，我们必须处理好政策与改革的关系，政策与改革不协调导致新风险。

（四）树立不确定性思维和风险导向

我国面临的国内外风险和挑战越来越大。如何去应对这些风险和挑战，首先需要解决认识上的问题。如果我们没有认识的提升，只是用确定性思维去应对这些风险，力图以不变应万变，就会导致风险加大。我们可以用民粹主义，尤其是其中的"福利主义"泛起作以分析。

随着社会转型时期诸多矛盾的出现，民粹主义倾向在我国逐渐泛起。特别是社会不公引起的矛盾，更是容易引发激进观念，产生非理性民粹主义。真正、合理的公众诉求往往被非理性的要求所掩盖。非理性民粹主义，将会导致社会的激进与盲从，难以达成理性的社会共识。如果在政策决策中，一味呼应这种非理性民粹主义的诉求，就会陷入"非理性民粹主义"陷阱，危及社会稳定与发展。在各种非理性民粹主义观点中，颇具模糊性和危害性的当属"福利赶超论"。随着经济的发展，人们对福利的期望越来越高。诚然，我们改革、发展的根本目的，就是提高人们生活和福利水平，让人们共享发展的成果，但如果超越国家财力和社会发展状况，大搞平均式的福利主义，就很容易陷入"福利主义"的泥潭，使国家发生严重的财政和债务危机，势必影响国家发展的可持续性，甚至出现经济增长停滞。

缺乏不确定性思维和风险导向，导致在应对福利主义时出现风险。这不仅是南美等地区的国家出现"中等收入陷阱"的重要因素，也是法国等发达国家出现社会问题和危机的重要原因。法国"黄背心"运动于 2018 年 11 月 7 日爆发，是 1968 年以来法国最严重的社会动荡，引发全球关注。2017 年马克龙就任总统后出台了一系列旨在减轻国家负担，提高法国国家竞争力和经济活力的改革措施，包括削减公司税，改革财产税，取消"巨富税"等。在经济形势上行时，结构性改革易于推进，而在经济形势下行时，政府任何增加生活成本的加税计划都会引发对收入不满、失业以及家庭生活困难人士的抗议。马克龙上台后不但没有实现减税诺言，反而降低对工人的就业保护、削减住房援助、提高退休人员税率、反对提高最低工资，直至此次进一步上调燃油税，导致中低收入民众对其结构性改革彻底失望，以至于一呼百应，愤怒以极端的形式爆发。

我国也面临"福利主义"的挑战，如果缺乏不确定性思维和风险导向，将会面临"福利陷阱"的威胁。我们需要从历史发展的宏大视野出发，立足国情，充分考虑现实的约束条件，审视我们的福利水平，理性设计福利制度和福利提升计划。当前我国的经济发展水平和财力状况，难以承担起人口规模巨大、水平较高的福利制度。虽然我国的 GDP 总量居世界第二位，并且人均 GDP 已经超过一万美元，但人均 GDP 与发达国家相比，仍有很大差距。例如，2020 年我国的人均 GDP 仅为美国的 17.5％，也远低于其他发达国家平均水平。从人均财力来看，发达国家的人均财力也远远高于我国。例如，2018 年（财年）美国和德国的人均财政收入都超过 2 万美元，分别为我国人均财政收入的 5.8 倍和 6.4 倍（我国按四本预算全口径的财政收入计算）。可见，无论是人均 GDP，还是人均财政收入，我国与西方发达国家都存在很大差距，一时难以达到发达国家的高福利水平。如果我们脱离经济社会发展状况和财力水平，作出不符合实际的过高福利承诺，往往就会使承诺成为"空中楼阁"，或产生"竭泽而渔"的后果。这不仅制约经济社会健康发展，也会影响党的形象和政府的公信力。

此外，在认识层面，还需要解决对财税改革的认识和定位问题。如果对财税改革没有放在国家治理层面，只放在一个部门去做，试图让一个部门去拉国家的"大车"，就很难解决治理中的深层次矛盾。

总之，风险的形式没有定式，我们必须树立不确定性思维和风险导向，依据风险去调整改革的进度和方案。同时，需要制度与风险相匹配。制度是构建确定性的，防范化解风险的。否则，制度与风险不匹配，改革难度会越来越大，风险也会越来越大。

第四章　全球视野下的财政制度：经验与教训

有国家就有财政，财政是世界各国国家治理不可或缺的组成部分，而且一定程度上决定了国家治理的成败与水平的高低。各国国情不同，国家治理体系与财税体制也存在差异。考察不同国家治理体系下财政制度设计和运行的规律，总结相关理论、成功经验及失败教训，可以为我国深化财税体制改革、推动国家治理体系和治理能力现代化提供有益借鉴。

一、两种国家结构下的财政体制

财政体制与国家治理体系中的政体、国家结构及所有制形式紧密相关。当前，世界各国在国家结构形式方面主要分单一制和联邦制两类，前者在政体上可分为总统共和制、议会共和制、共和立宪制等；后者分为议会君主立宪制、议会内阁制等。在所有制方面，绝大部分国家是以私有制为主体。在不同国家结构及政体下，财政体制也有所不同。

（一）联邦制国家及其财政体制

联邦制国家的主要特点是，联邦政府权力通常受到限制和制衡，州政府具有宪法规定的相对独立的权力，反映在财政体制方面，州及地方政府在事权与财权方面具有较大的权力。

1. 美国总统共和制及其财政体制

美国实行立法、行政、司法三权分立的政治制度，决定了其财政体制的具体安排，财政体制服务于并维护三权分立的政治制度。

美国联邦政府由总统和白宫、20 个部、60 多个独立的局及 4 个准官方机构组成。[①] 总统由全民选举产生，政府由总统组织和领导，总统领导政府各部门编制预算。国会由参议院和众议院组成，拥有审查和监督政府预算的权力。政府成员不能兼任国会议员，不参与立法讨论和表决。国会只有在总统和内阁成员出现违法行为时才能提出弹劾案，被弹劾者是否有罪，由参议院组成审讯法庭审理后裁决。总统对国会通过的法案可以否决，参议院和众议院可以用 2/3 多数票推翻总统的否决，总统无权解散国会。司法机关即最高法院和联邦法院，法官由总统提名并经参议院批准，拥有解释法律及推翻违宪法律的权力。

联邦政府与各州及地方政府的财政关系在《宪法》中进行了具体而明确的规定。预算权力的配置与行使由《1870 年反追加法》《1921 年预算和会计法》《1974 年国会预算与扣留控制法》《1985 年平衡预算和紧急赤字控制法》《1990 年预算执行法》《1993 年政府绩效和成果法》等一系列法律进行约束和制衡。

2. 德国议会共和制及其财政体制

德国政体是议会共和制，总统为国家元首，由联邦大会选举产生，没有实际的政治权力。联邦大会由联邦议会的议员和同等数量的各州议会的代表组成，专门负责总统选举。议会包括议院和参议院。议院负责提出和

[①]　20 个部包括财政部、农业部、商务部、国防部等。60 多个独立的局包括中央情报局、国家航空与宇宙航行局等。4 个准官方机构是法律服务公司、史密森学会、美国司法学会和美国和平研究所。参见廖晓军主编：《国外政府预算管理概览》，经济科学出版社 2016 年版，第 184 页。

审议法案，监督法律执行，选举联邦总理，参与选举总统和监督政府。参议院对于议院通过的法案具有否决权。议院在选举中获胜的政党或政党联盟拥有组阁权，政治权力掌握在通过议会选举产生的联邦总理手中。

德国是联邦制国家，财政分为三级，具体是联邦、州和地方政府。在权力分配上，州政府大量参与联邦政府的决策过程，强调联邦政府与州政府之间的相互制约。德国参议院席位由来自16个州的代表组成，联邦政府的所有法案都要经过参议院批准。因此，虽然德国的立法权相对集中于联邦，但是州政府可以通过参议院制衡。德国的财政体制有其特色，《德意志联邦共和国基本法》规定了财政体制，划分了各级政府所承担的公共事务，并在此基础上划分各自的收入和财政支出范围。

3. 俄罗斯联邦共和立宪制及其财政体制

1993年《宪法》规定，俄罗斯是联邦制国家，实行立法、司法、行政三权分立。总统是国家元首，由人民直选产生，但必须经过议会批准。联邦政府是国家权力最高执行机关，由总理、副总理和部长组成。

俄罗斯现由85个联邦主体组成，具体包括3个联邦直辖市、4个自治区、22个自治共和国、46个州、9个边疆区和1个自治州。政府分为俄联邦、联邦主体（共和国、边疆区、州、自治州和自治区）、地方自治政府三级。与三级政府相对应，财政也分为联邦、地区和地方三级。

联邦议会由下议院和上议院组成。下议院即国家杜马，代表联邦各主体，负责批准联邦法律、联邦主体边界变更、总统关于战争状态和紧急状态的命令、决定境外驻军、总统选举及弹劾、中央同地方的关系问题、预审政府预算等。上议院即联邦委员会，代表联邦，其职权是同意总统对总理的任命、决定对总统的信任问题、任免审计院主席及半数检查员、实行大赦、提出罢免俄罗斯联邦总统的指控、通过联邦法律、终审政府预算以及预算的执行监督。

（二）单一制国家及其财政体制

在单一制国家，权力结构具有自上而下授权的鲜明特征，地方政府的自主权较小，税收立法权一般掌握在中央政府手中。但是，某些单一制国家的财政体制也表现出一些联邦主义财政色彩。[①]

1. 英国议会君主立宪制及其财政体制

英国政体是君主立宪制，国家结构是单一制，实行三权分立。国王是国家形象的代表，实行世袭制，但实权在内阁。

议会由国王和上议院、下议院组成，起决定作用的是下议院。上议院议员包括王室后裔、世袭贵族、终身贵族、教会大主教及主教。下议院由普选产生，采取简单多数选举制度。政府实行内阁制，由国王任命在议会中占多数席位的政党领袖出任首相并组阁，向议会负责。内阁由首相从中央政府重要部门的大臣（如财政大臣、国防大臣等）和执政党各派领袖人物中选定。办公厅是内阁常设办事机构，处理日常事务。委员会是为减轻内阁负担而成立的联合委员会，各部部长对本部门的决策负责，对内阁的决策负连带责任。

英国共有四个主要地区，分别为英格兰、威尔士、苏格兰和北爱尔兰。各地方政府结构并没有统一的标准，而是根据各地实际进行设置，因而表现出较大的差异性。英国作为典型的单一制国家，地方政府只能管理中央允许的事务，其权力限定在规定的事权范围内。财政体制方面具有中央高度集权化的特征：中央财政掌握绝大部分财政收入，地方财政收入主要依靠中央财政的转移支付。

---

① 参见财政部干部教育中心组编：《现代政府间财政关系研究》，经济科学出版社 2017 年版，第 82 页。

2. 日本议会内阁制及其财政体制

1947 年《宪法》规定，日本实行议会内阁制。天皇为国家的象征，无权参与国政。国会是最高权力机构，有立法权、审议通过国家预算、提名首相人选、提议修改宪法等权力。众议院的权力优于参议院，还有通过对内阁不信任案的权力。内阁由总理大臣（首相）和各省厅大臣组成。首相由国会提名，天皇任命，其他内阁成员由首相任免，天皇认证。首相有权解散众议院，举行大选。政府分为三级，具备包括中央、都道府县和市町村。都道府县和市町村为地方政府，分别接受本级立法机关的约束。①

遵循国会表决主义原则，中央政府的财政权限必须基于国会的决议而行使。内阁编制每个会计年度的预算后，提交给国会并经其审议和表决。内阁定期并至少每年一次向国会和国民汇报中央政府的财政情况，提交财政报告。国家预算、税制、货币、国债等由财务省负责。会计检查院负责审计事宜，对于内阁享有独立地位，日本是独立审计的典型。②

二、事权、财权与财力不同组合形成不同的财政体制

中央和地方的财政关系划分，是财政体制的核心要素。国际通行的做法是，在明晰政府间事权划分的基础上，界定各级政府的支出责任，然后划分财政收入，再通过转移支付等调节财力余缺。事权、财权与财力是财政体制的三大要素，财政体制的差异主要体现在这三大要素的不同组合上，即明确事该由谁做、钱该由谁花、钱该由谁收。

---

① 参见财政部干部教育中心组编：《现代政府间财政关系研究》，经济科学出版社 2017 年版，第 83 页。

② 参见廖晓军主编：《国外政府预算管理概览》，经济科学出版社 2016 年版，第 510 页。

（一）各国强化中央事权的趋势

从历史上看，社会动荡、经济危机的出现总是以财政危机为爆发点。为实现国家长治久安，需要保证中央财政收入在全国财政收入中的主导地位，保持适度规模的中央政府事权和支出责任。

1. 美国联邦政府权力由弱转强的过程

美国现行各级政府的事权与支出责任划分主要源于历史和实践。200多年以来，政府之间的权力分配经历了多次调整和变迁。

二元联邦主义时期。美国建立初期，联邦政府对政府间事权和支出责任进行了简单的划分，对联邦政府的权力进行严格的限制，以充分保护个人的自由和州的权力，联邦政府在经济事务方面的权限主要局限在国际和州际条款，这一阶段可以称为二元联邦主义时期。

合作联邦主义时期。随着市场一体化的深入发展，迫切需要联邦政府加强统一政策和监管职能，打破地方保护。1824年，吉本斯诉奥格登案判定州议会对航运的垄断违宪，为联邦政府扩展经济领域的职能提供了机遇。1929年美国爆发经济大萧条，联邦政府开始广泛协助州和地方政府开展公共项目，共同出资管理，这一阶段可以称为合作联邦主义时期。

集权联邦主义时期。20世纪60年代，联邦政府以直接向州政府拨款为主要形式进一步扩权，美国进入集权联邦主义时期。联邦政府的集权化趋势在20世纪70年代得到扭转，美国政府力图恢复联邦政府和州政府之间的权力平衡，逐渐缩减联邦项目拨款，还权于州和地方政府，多级政府之间收入分享。2000年以来，联邦政府雇员占全部政府雇员的比例一直维持在12%。[①] 直到2009年，为了应对经济危机，美国政府实施了巨额

---

① 参见楼继伟：《中国政府间财政关系再思考》，中国财政经济出版社2013年版，第213页。

联邦项目拨款来刺激经济复苏①，联邦政府的财权财力明显扩大，联邦财政的主导地位得以确立。

在美国，联邦财政由弱转强，为推进公共服务均等化、区域发展均衡化以及凝聚国民的人心等发挥出积极而重要的职能作用。

2. 苏联解体的财政原因及其历史教训

1924 年《宪法》规定，苏联国家预算由两部分内容构成：一是各加盟共和国预算；二是联盟预算。1927 年《苏维埃社会主义共和国联盟预算法章程》规定，建立地方预算收支清单，确定地方预算编制、审查和批准程序的权力赋予各加盟共和国。1938 年《宪法》第 14 条规定，加强对国民经济和国家财政的集中治理，将编制苏联国家预算和执行预算报告的权力赋予联盟政府，确定将上缴联盟、加盟共和国和地方预算税收的权力也赋予联盟政府。1938 年通过的预算将地方预算纳入苏联国家预算管理的条例，也反映了财政权力集中化的趋势。

自 1955 年起，加盟共和国的预算权限开始扩大，苏联国家预算法只规定加盟共和国的预算收支总额，加盟共和国预算和地方预算之间的分配问题由各共和国自行决定，加盟共和国还有权支配其获得的超额收入。为克服统收统支预算制度给经济发展造成的负面影响，20 世纪 80 年代上半期，苏联开始推行完全经济核算制和自筹资金制，导致很多企业故意降低计划指标，使国家预算收入受到严重影响。

20 世纪 80 年代末 90 年代初，苏联政治经济危机与日俱增，俄罗斯、乌克兰、白俄罗斯等加盟共和国拒绝向联邦财政上缴税收，1991 年苏联国家预算在最高苏维埃审议时无法通过，事实上宣告这个超级大国的破

---

① 参见汪菁：《美国政府间关系的历史演变与"财政联邦制"问题的探讨》，《中共杭州市委党校学报》2014 年第 5 期。

产。在这种情况下，苏联联邦预算出现巨额赤字，爆发货币危机，财政收入快速下降，迫使印钞机加速运转，钞票发行量创下苏联建立以来的最高纪录。同年 3 月至 7 月，各加盟共和国联合起来，打算根本改变苏联国家体制。在 7 月 30 日的新奥加廖沃谈判中，戈尔巴乔夫对各共和国领导人作出关键性让步，同意实行单渠道税制。按照这种税制，苏联联邦政权在国家资金来源这个最关键问题上完全依赖各共和国。这是促使苏联解体的一个重要决定，苏联失去了对各加盟共和国的财政控制力。1991 年 12 月 25 日，苏联国旗从克里姆林宫顶悄然落下。

3. 俄罗斯的财政改革

苏联解体之后，俄罗斯继承了苏联的大部分权利，经历了 1991—1998 年长达八年之久的经济大衰退和社会大混乱。在面对一系列新旧危机的同时，俄罗斯在财政体制、预算管理方面推行改革，逐步走出一条新的发展道路。

1993 年俄罗斯《宪法》在具体支出项目的融资、监管和实施等方面没有作出明确的规定，因此造成支出责任的相关制度安排比较模糊，使得俄联邦和地区以及地方政府在很多问题上相互推诿和扯皮。为了解决政府间支出责任界定不清等问题，1995 年通过《俄罗斯联邦地方自治政府基本原则法》(2003 年进行修订)，1998 年通过《预算法典》，这两部法律在 1993 年《宪法》的基础上对政府间支出责任进行明确界定。2003 年，《俄罗斯联邦地方自治政府基本原则法》又进行了修订，这是俄罗斯走向全新、实质意义上的联邦主义的重要标志。

4. 德国联邦、州与地方政府事权与财权的分散与集中

管理权的适当分散和控制权的相对集中以及二者的有机结合，是德国政府间事权和支出责任划分的成功经验之一。德国《基本法》规定，除《基本法》另有规定外，联邦和各州分别承担履行各自任务所需的支出；联邦

委托各州管理事务的支出由联邦负担。州政府必须保证做到专款专用。有些政府间事权虽然有明确的划分，但与支出责任只是部分匹配，特别是一些具有一定公益性、正外部性的地方事权。例如，教育是州政府的事权，因此教育支出的绝大部分由州政府承担，约占 75%，用于教师工资、校舍建设和助学金。由于教育存在显著的公益性、正外部性，联邦政府和地方政府也承担一定的支出责任，直接体现在其本级支出中。其中，联邦政府承担 2.6%，地方政府承担 20% 左右（用于校舍维修、物资装备和行政费用）。

5. 英国中央政府的高度集权

英国是典型的单一制国家，实行君主立宪制，政府层级简化，强调中央政府高度集权，地方政府的职能和范围比其他国家的地方政府小得多。与之相应，中央财政掌握了绝对的财源和绝大部分的财政收入，地方财政支出主要靠中央政府转移支付。与事权和支出责任高度集中的制度设计相适应，英国中央政府直接财政收入占总收入的比重超过九成，而且长期保持稳定。2019—2020 财年，中央收入占比为 94.2%，地方收入占比为 5.8%。而且，税收立法权属于中央，地方不能设置、开征地方税。长期以来，中央政府财政支出占总支出的比重都超过七成。2019—2020 财年，中央支出占比为 78.5%，地方支出占比为 21.5%。

6. 日本中央政府对地方财政的强力控制

第二次世界大战之前，日本的地方政府可以说是中央政府的行政分支机构。各县的行政长官是中央政府派驻地方的执法官，由天皇任命，并对天皇负责。第二次世界大战之后，1947 年日本《宪法》开始承认地方辖区的代表政府，拥有与中央政府同等的合法地位，确定两层式地方政府结构，包括县级政府和基层政府。

1949 年以来，尽管日本不断强化地方自治的理念，加强以地方分权为主导的改革，提高地方政府的自主性和自立性，但中央政府通过对收入的再分配和行使财政计划管理权，对地方财政实施强有力的控制。在日本，大约一半以上的财政支出是通过地方预算安排的，地方承担的公共支出责任比中央政府多，约占全国一般性财政支出的70%。

（二）以共享税和专享税形成中央与地方自有财力

一般认为，具有收入再分配功能以及具有稳定经济功能的税种划归中央，具有周期性稳定特征、收入起伏不大的税种划归地方；地区间分布不均的税源以及以流动性生产要素为课税对象的税收划归中央，而依附于居住地的销售税和消费税等以及以非流动性生产要素为课税对象的税收划归地方。在联邦制国家，因地方政府享有的自主权更多，其地方税种类要比单一制国家更为丰富。

1.美国联邦税制与差别化的州和地方税制

美国联邦、州、地方三级税收独立并行，三级政府对统一税源和同一纳税人均可征税，统一的联邦税收制度与有差别的州和地方税收制度并存，各级政府都有稳定的税源。

联邦政府的主体税种是个人所得税、公司所得税和社会保险税，另外还征收消费税、关税、遗产税和赠与税。其中，个人所得税占联邦税收收入的比重超过80%，占美国所得税总收入也大约是80%。州政府以销售税、总收入税收为主，此外还征收个人所得税、公司所得税、消费税、遗产税、赠与税和其他税种。[①] 有一些税种由中央和地方政府同时开征。其

---

① 其中，流转税占州政府总税收的60%。财产税是市县镇地方政府的主体税种，其占据了市县镇地方政府收入的75%。另外，市县镇地方政府还征收销售税、个人所得税等税种。参见谢芬芳：《地方税体系的国际比较与借鉴》，《湖南行政学院学报》2018年第5期。

中，个人所得税、公司所得税、工薪税、销售税、消费税等由三级政府同时开征；遗产税和赠与税由联邦和州政府共同开征；财产税由州政府和市县政府共同开征。

州政府之间的税收结构差异很大。有 41 个州征收所得税，45 个州征收一般销售税。俄勒冈州 2004 年州税收收入的 70% 来自个人所得税，但有 9 个州的个人所得税收入几乎为零。田纳西州和华盛顿州税收收入的 60% 以上来自销售税，但有 5 个州的销售税收入几乎为零。新罕布什尔州既没有所得税也没有销售税。州和地方政府征收的使用费收入越多，这些政府承担的公共服务就越多。

地方政府最重要的专享税种是财产税，占地方政府收入的比重接近 3/4。财产税为地方教育提供了主要经费来源，与学区相比，非教育类特别区很少征收财产税。有 34 个州同意地方政府征收地方销售税（sales taxes），有 13 个州允许地方政府征收地方所得税，这种地方所得税通常是工薪税而不是广义的所得税（指对综合收入征收的所得税）。①

2. 德国合理搭配共享税与专享税

在德国，共享税为三级政府或两级政府共同征收，按一定规则和比例在各级政府之间进行分成。专享税则分别划归联邦、州、地方政府以及欧盟专门所有。

共享税包括公司所得税（即法人税、公司税）、个人（工资收入）所得税、增值税（原营业税）、利息税和清偿债务及出售转让（财产等）税费。其中，公司所得税中一半归联邦政府，一半归各州所有；个人所得税由三级政府共享，联邦政府享有 42.5%，州政府享有 42.5%，地方政府享

---

① 参见中国财政科学研究院：《世界主要国家财政运行报告（2016）》，经济科学出版社 2016 年版，第 119—120 页。

有 15%；增值税由联邦政府分享 53.9%，州政府分享 44.1%，地方政府分享 2%；利息税和清偿债务及出售转让税费按联邦政府 44%、州一级政府 44%、地方政府 12%的比例进行分配。

专享税中，联邦税包括能源税、电税、烟草税、咖啡税、烧酒红酒税、保险税、大型运输卡车税、团结统一税；州一级收取遗产税赠与税、土地购置税、啤酒税、赌马彩票税、赌场税、消防保护税；地方政府征收营业许可税、工商税、土地税、娱乐税、狗税、第二居所税、自动赌博游戏机税、饮料税；欧盟税包括增值税特别基金、海关税、糖税、BSE 特别基金。[①]

绝大多数税种的立法权都集中在联邦政府，州政府只在联邦政府未行使税收立法权的领域拥有少量的税收立法权。税收征管权一般都赋予州政府和地方政府，只有关税和联邦增值税的税收征管权留在联邦政府。[②]

3. 法国实行中央与地方的彻底分税制

法国税种繁多，税源划分清楚，税收政策制定权和征管权集中于中央，地方只拥有极少量的税收征管权或执法权。绝大部分税收收入都属于中央，地方只对土地税、居住税和房产空置税、地方经济捐税、垃圾清理税和特别发展税等享有收入。法国设立了全国统一的隶属于中央政府的国家税务机构，各地下设分支机构，负责税收政策的研究制定和税收征管。[③]中央财政部评估税基，地方政府决定税率。

法国各级政府间没有共享税（对税收收入共享），但不同政府对税基进行分享。以财产税为例，有 100 欧元的财产，市镇议会定的税率为 10%，省级议会定为 5%，大区政府定为 1%。那么，市级政府收到财产

---

① 参见中国财政科学研究院：《世界主要国家财政运行报告（2018）》，中国财政经济出版社 2018 年版，第 60—61 页。

② 参见谢芬芳：《地方税体系的国际比较与借鉴》，《湖南行政学院学报》2018 年第 5 期。

③ 参见唐慧竹、于富元：《中美日欧税收制度的国际比较》，《金融会计》2018 年第 8 期。

税收入 10 欧元，省级政府 5 欧元，大区政府 1 欧元。

4. 英国中央政府税收收入的高度集中

在英国，直接税占税收收入近 2/3 的比重，间接税约占 1/3。据 OECD 统计显示，2017 年英国各税种收入占总税收的比重为：增值税占 31.55％，个人所得税占 27.4％，社会保障税占 19.19％，财产税占 12.588％，公司所得税占 8.5％，工薪税占 0.271％。[①]

英国税收收入高度集中于中央，中央掌握的国税收入占全国税收收入的 95％左右。[②] 地方税主要是住宅房产税（也有人将统一的商业房产税归为地方税）。中央掌握全国的税收立法权，地方仅对属于本级政府的地方税具有征收权和部分税率调整权与减免权等。

住宅房产税（council tax 或 domestic tax）属于财产税类，税基为住宅房产，地方拥有一定的税率决定权，征税范围不包括商业房产。商业房产税针对非住宅房产征收，其税基、价值评估、统一的从价税率和分配规则都由中央确定，地方只负责征收。[③]

5. 日本中央政府集中主要税种管理权限

在日本，社会保障税、个人和公司所得税以及消费税占比最大，分别为 40.38％、22.62％和 20.44％[④]，社会保障税和所得税属于中央政府收入，

[①] 数据来源："taxrevenue"，见 https://data.oecd.org/tax/tax-revenue.htm#indicator-chart。

[②] 具体包括收入税、增值税、公司税、国民保险缴费、特种商品税、车辆特种税、保险溢价税、空乘税、气候变化税、开采税、博彩税、资本利得税、印花税、营业税、土地占用税、北海石油税等。参见财政部财政科学研究所、中国财政学会外国财政研究专业委员会编著：《经济危机中的财政——各国财政运行状况(2011)》，中国财政经济出版社 2012 年版，第 130 页。

[③] 参见中国财政科学研究院：《世界主要国家财政运行报告（2016）》，经济科学出版社 2016 年版，第 9 页。

[④] 数据来源："tax on goods and services"，见 https://data.oecd.org/tax/tax-on-goods-and-services.htm#indicator-chart。

而消费税则分为国税收入和地方收入，其余诸如居民税、财产税、车辆税、土地拥有特别税等财产和所得类的税种则属于地方收入。

日本实行中央地方分级管理的税收体制，税收按中央、都道府县和市町村三级课征，主要税种的管理权集中在中央，部分地方税采用全国统一的法定税率，地方不得自行更改，对于法律没有明确规定税率的地方税种，地方政府可自行决定其税率。

（三）以转移支付制度平衡地方财力

由于政府提供基本公共服务中存在横向和纵向上的不均衡，中央和地方事权和支出责任不匹配也会导致一级政府收支不均衡，为平衡地区间财力，需要建立健全政府间转移支付制度。一个国家具体的转移支付结构取决于本国特定国情，并无统一的参照，但不同国家的转移支付制度有一些共同特征。

1. 美国两个层次、三种类型的转移支付

美国采用自上而下的政府间转移支付制度，既包括联邦政府对州政府和地方政府的转移支付，也包括州政府对地方政府的转移支付。[1]

联邦政府对州政府的转移支付主要有三种形式：没有配套资金的转移支付、有配套资金的开放式转移支付和封闭式转移支付。目前，联邦对州政府转移支付中数额最大的一项是对"医疗救助计划"提供的资金支持，它是为低收入家庭或个人提供医疗服务资金支持的。[2]

---

[1]　参见中国财政科学研究院：《世界主要国家财政运行报告（2016）》，经济科学出版社 2016 年版，第 120 页。

[2]　参见中国财政科学研究院：《世界主要国家财政运行报告（2016）》，经济科学出版社 2016 年版，第 122 页。

州政府对地方政府转移支付大多以公式为基础，通常是一般转移支付或专项转移支付。其中，专项转移支付有的需要地方政府配套。以教育援助最为典型，具体有四种机制：一是以学生人数为单位向学区进行无差别的垂直拨款；二是项目基金，州政府决策提出一个能使学生接受教育的最小花费金额和一个"公平的"财产税率，接受教育的必要花费与以一个公平的财产税率所征得的税收数额之间的缺口会由拨款来补上；三是一个百分比与能力均衡机制，州政府根据当地在教育上的花费的百分比制定一个与学区纳税能力相反的税率；四是一种具备有保障的税基与税收收益的项目，与百分比均衡项目很相似。①

2. 英国地方政府高度依赖来自中央的转移支付

中央对地方政府的转移支付具体分为固定拨款（也称"均衡拨款"，即一般性转移支付）和专项拨款（即专项转移支付）。一是分配客观规范。固定拨款分配运用"巴内特公式"计算，与地方政府承担的事权和居住的人口挂钩，事权或者人口越多，则获得中央转移支付越多。这如实反映了地方政府提供公共服务的需求，事权与支出责任匹配度较高，较为科学、客观、规范，减少了地方讨价还价的空间。二是充分授权地方决策使用。中央政府财政部门和相关部门分配专项拨款时，并不细化到具体支出项目，而是将资金使用的决策权下放地方政府，只提出绩效目标。地方政府使用某领域专项拨款达成绩效目标的，而且可将剩余资金用于亟须资金支出的其他领域。三是总规模呈现缩减趋势。近年来英国中央财政转移支付大幅缩减，从2015—2016财年到2018—2019财年，中央对地方转移支付总额缩减了超过50%。这既有经济下行导致财政紧缩的原因，也反映了英国

---

① 参见中国财政科学研究院：《世界主要国家财政运行报告（2016）》，经济科学出版社2016年版，第123页。

中央政府尝试用税收权限下放替代转移支付的方式，用以调动地方政府的积极性。四是地方政府财政自给能力较差，地方政府支出中约 60% 来源于中央转移支付。中央转移支付规模的增减对地方维持收支平稳运行和提供公共服务造成巨大影响，迫使地方政府想方设法筹措资金维持收支平衡。

一般性转移支付包括按商业房产税计算的转移支付以及收入援助转移支付。按商业房产税计算的转移支付是中央将该税种的税收收入按地方人口数平均分配。收入援助转移支付金额的确定则须历经四个步骤：（1）中央政府计算地方履责所需资金；（2）中央政府计算地方住宅房产税收入；（3）中央政府计算地方能获得的通过按商业房产税计算的转移支付收入；（4）收入援助转移支付金额＝（1）－（2）－（3）。

英国 80% 的专项转移支付资金用于 9 类项目，以英格兰为例，分别是强制性租金补贴、住宅房产税负担转移支付、警察转移支付、教育标准转移支付、学校标准转移支付、教师工资改革、寻求庇护者转移支付、大伦敦当局交通转移支付和其他。强制性租金补贴和住宅房产税负担转移支付都是针对贫困人群给予的补贴，是地方代中央政府实施的支出，因此通过专项转移支付为地方配置所需资金。警察转移支付由内政部以一个复杂的公式为基础计算得出，主要考虑警队处理犯罪、接到报警、交通维护、公共秩序管理、社区警力和巡逻与津贴等因素来设计。教育标准转移支付是覆盖学校修缮、社会融入、教学条件亟须改进、教学支持、教师培训和教学条件改善的 40 多项转移支付的综合体，该项转移支付通常可以覆盖相关支出的 48%。[①]

3. 日本中央对地方的两种转移支付形式

日本设立了两种转移支付，即地方交付税和国库支出金。从实际情况来看，地方交付税每年均高于国库支出金。

---

① 参见李欣：《世界主要国家财政运行报告（上）——英国》，《经济研究参考》2016 年第 68 期。

地方交付税是地方政府的税收收入，其用途由地方政府自行决定，属于一般性转移支付。中央直接对都道府县和市町村分配地方交付税，一般都道府县和市町村各得一半。

国库支出金是专项拨款补助，其功能主要包括，一是确保财政资金的有计划、有重点投入，二是确保重要行政服务的全国平均水平，三是奖励地方从事难度较大的服务项目，四是满足救灾等特殊财政需要，五是支付代理中央办理事务的费用。从内容上看，国库支出金可以分为国库负担金、国库委托金和国库补助金三类。所谓国库负担金，是全部由地方负责办理的本该由中央与地方共同承担的事务，中央按自己负担的份额向地方政府拨给财政经费；所谓国库委托金，是中央按照效益原则委托地方承办的本应由中央承办的事务，中央负担其全部费用；所谓国库补助金，是中央对地方兴办的项目予以奖励、资助而拨付的资金，中央或全额或按一定比例负担一定的经费支出。[①]

4.德国纵横两个维度的转移支付制度设计

德国转移支付制度包括两个维度的设计：纵向转移支付和横向转移支付，具体又分为四个层次。

一是所有税收收入在联邦、州、地方政府层级间进行纵向转移支付分配，具体包括联邦对州、州对地市的一般性转移支付，以及专项转移支付等三类。

二是州级政府应得的增值税收入的25％部分按一定比例在各个州之间进行横向转移支付分配。

三是财力较弱的州和财力较强的州政府之间进行横向转移支付，即州际平衡调节制度。具体做法是，运用公式测算各州财政实力，比较各州财政能力指数和财政需求指数，财政实力较强的州将一部分增值税收入转移

---

① 李炜：《国外财政转移支付制度及启示》，《中国财政》2015 年第 16 期。

给财政实力较弱的州。①

四是联邦政府向经过均衡调节后财力仍然较弱的州提供联邦特别补贴拨款，即均衡调节补充资金。

联邦政府对州级财政的转移支付主要是补充拨款，大部分不设定具体用途，这是对财力较弱州的资金补助，并非所有州都享受。②

三、财政治权：预算是约束公权最重要的制度笼子

集权与分权是财政理论与实践的重要主题之一，中央与地方财政关系的核心是财权的集中与分散问题。财政集权有助于增强中央政府宏观管理能力，强化财政再分配功能；财政分权有利于地方公共产品供给效率的提升。然而，财政集权与分权主要是基于公共产品供给来分析的，遵循的仍是传统经济学的供给与需求理论，仍是从经济学的视角分析财政问题。国家治理视角下，财政作为国家治理的基础与重要支柱，不仅肩负着公共产品供给的职责，还在国家治理体系中发挥着基础性作用，这一基础性作用突出地表现在财政预算对公权的约束方面。所谓财政治权，是指作为公共资源安排的财政，既要在保障公民财产权利方面发挥作用，也要解决约束公权力的问题。西方国家对政府公权力的约束有很多手段，以"钱"为主线的财政发挥着基础性作用，即通过财政制度的完善约束公共权力的运行

---

① 州财政能力指数 = 该州州级税收收入 +64% × 地方税收收入，州财政需求指数 = 全国人均州和地方税收收入 × 该州人口 × 人口修正系数。财政能力指数大于财政需求指数的富裕州按其财政能力高于平均水平的程度，将其富余部分按一定累进比率向贫困州转移，以期将贫困州财政能力提升至平均数的 92%。参见唐明、陈梦迪：《德国共享分税制的经验及启示》，《中国财政》2017 年第 4 期。

② 参见中国财政科学研究院：《世界主要国家财政运行报告（2016）》，经济科学出版社 2018 年版，第 78—79 页。

和行使。公权的基础是公财，没有公共财力的支持，公共权力就是空的，约束了公财很大程度上就约束了公权。

（一）预算法定的核心要义：体现民意与约束公权

预算法定，是现代民主的重要组成部分，是民主思想在公共资财安排中的体现。预算法定要体现民主，就应充分地体现民意；预算法定的目的在于形成稳定的公共资财安排制度，使政府运用公共资财的行为规范化，即约束公权。

1. 形成稳定的预算制度框架

西方国家，特别是发达国家的预算制度充分体现了法定的原则，其预算制度均经历了长期的历史变迁过程。美国建立初期并没有现代意义上的预算，联邦宪法将征税权和支出权赋予国会。这一时期，美国的财政预算制度十分混乱，税收不规范，支出效率低下，预算过程中的腐败现象比较普遍。1910 年塔夫脱总统建立了经济与效益委员会，提交了《为国家预算的需要》的研究报告，强调总统应为准备一份规范化的行政预算负责；通过一系列的预算改革，国会的预算权力弱化，行政部门的预算权得到加强。《1921 年预算与会计法》建立了总统预算体系，赋予总统在预算过程中的主导地位。根据该法，美国建立了"预算局"，为总统提供技术和信息上的支持；依据该法还设立了审计总署来对总统和行政部门的预算权力进行制衡。20 世纪 60—70 年代，随着财政支出的大幅增加，出现了预算失去控制的现象，国会出台了《1974 年国会预算与控制法》，将之前赋予总统的部分权力收归国会，成立参议院和众议院预算委员会，成立国会预算办公室。20 世纪 70 年代以来，新公共管理运动开始兴起，美国国会在1993 年通过《政府绩效与结果法》，强调预算权力的分散与下放，主张预算过程的公众参与，使得总统与国会行政预算权力受到来自社会各界的监督。[①] 美国预算制度由最初的国会主导向行政部门转移，最终达到相对均衡的状态，基本满足了公众、立法机关、行政部门的不同需要。

英国预算制度的形成，以 1215 年《大宪章》的签订为起点，经历了漫长的演进过程。大致可以划分为三个阶段：一是形成阶段，从 1215 年《大宪章》的签订到 1688 年的光荣革命；二是发展阶段，从 1688 年光荣革命到 1852 年格莱斯顿首次担任财政大臣；三是成熟阶段，从 1852 年至今。[②] 目前，英国预算权力由议会、内阁、审计署共同履行并相互制衡。内阁是最高行政机关，还是下议院的一个委员会，对政府预算负责；下议院负责批准预算方案；审计署直接向下议院负责。

2. 以预算法定确保制度不变形

一般来说，制度是实践的总结，法律则是制度的定形。实践是变化和发展的，制度也是在不断演进的，只有把经过实验检验的制度上升为法律，制度在执行过程中才能确保不变形。财政法治化是将政府的全部财政活动约束在法律法规框架中进行，使得社会公众能够通过立法机关和相应的法律程序约束和监督政府行为，具体包括税收法定、预算法定和财政关系法定。其中，按照预算法定的要求，预算编制要遵循严格的管理规定和相关流程，预算报告（草案）经立法机关审核批准方可实施，预算通过后必须严格规范执行，接受权力机关、审计机关对预算执行情况的监督。

预算法定原则起源于世界上最早确立税收法定原则的英国。预算法定与税收法定原则的起步几乎是同步的，早在 13 世纪的"大咨政会"，英国

①　参见章伟：《预算、权力与民主：美国预算史中的权力结构变迁》，复旦大学博士学位论文，2005 年。

②　参见彭健：《政府预算理论演进与制度创新》，中国财政经济出版社 2006 年版，第 96—105 页。

开始确立控制君主支出的原则。《权利法案》《丹宁议案》《民事设立法》《统一基金法》等都包含了预算法定原则。1854 年《公共收入统一基金支出法》规定，国内收入各部、关税部和邮局的所有收支预算必须提交议会；1866 年《国库与审计署法》初步确立了议会控制财政收支的制度框架。英国之外的其他国家，预算法定原则确立相对较晚。1921 年美国国会通过的《预算与会计法》，确立国家预算制度的同时，实现了预算法定原则。①

3. 体现民意的预算立法

预算法定意味着预算权力的安排由法律来明确，而代议制民主条件下，西方国家的预算法律由民意代表机构（如国会）确立，这意味着预算立法必然充分地体现民意。英国通过一系列的法律制度，形成了充分反映民意的预算制度：在预算管理上，议会具有最高权力，政府只负责征收和使用公共资金，而控制权则归议会所有。法国 1789 年的《人权宣言》第 14 条规定，"所有公民都有权亲自或由其代表来确定税收的必要性，自由地加以认可，注意其用途，决定税额、税率、征税对象、征收方式和纳税期限"，这里主要阐述的是税收应体现民意，但其中的"注意其用途"实际上蕴含了"支出"也要反映民意；法国《1848 年宪法》第 17 条规定，任何公共开支在未经国民代表同意的情况下不能确立。1814 年的《荷兰王国宪法》第 105 条规定："国家财政收支预算由议会法令规定。"1850 年的《普鲁士宪法》第 62 条规定，财政法案和国家预算应当首先提交下院。1919 年的《芬兰共和国宪法》第 66 条规定，每一财政年度的全部收支项目应列入年度预算，年度预算由议会通过后，按照颁布法律的方式予以颁布。② 可见，各国的预

---

① 参见翟继光:《预算法定原则的起源及其基本构成要素》,《河北大学学报（哲学社会科学版）》2016 年第 6 期。

② 参见翟继光:《预算法定原则的起源及其基本构成要素》,《河北大学学报（哲学社会科学版）》2016 年第 6 期。

算立法，均强调财政支出应由民意代表机构审议并确定。

4. 以预算约束公权形成财政治权的现代治理形式

总结各国财政法治化的演进，中央与地方财政关系的法定主要体现的是财政权力的集中与分散，而税收和预算的法定则主要是对政府收入与支出权力的约束，体现的是"财政治权"理念，即在约束政府公共资金的筹集与运用权力的同时，约束政府的公共权力。政府不具备营利性，意味着其收入必定通过吸纳公民或企业的收入来实现；除去筹集收入的活动，政府的一切其他活动，都包含着公共收入的运用，因此，政府的一切活动都与公共资金有关。约束政府公共权力的途径和手段有很多，但根本上是要约束住政府运用公共资金的权力，管住了"钱"，就等于牵住了权力的"牛鼻子"。现代国家治理体现了多中心、多元化的"共治"色彩，这种"多元共治"，很大程度上要通过公共资金的运用来实现。强调"财政治权"，以财政支出约束公共权力，有助于多元共治国家治理形式的形成。

（二）现代预算管理的基本特征：规范与透明

现代预算制度起源于英国，其建立与完善经历了新兴资产阶级力量与落后王权力量的斗争过程、暴力式的革命路径和非暴力的改良路径。政府预算成为社会公众和立法机构控制约束政府权力扩张的有效工具。

1. 走向预算公开透明的英国预算制度

从 13 世纪初的萌芽到预算制度成熟，经历了数百年的发展演变。具体分为三个阶段：早期形成阶段（1215—1688 年：议会逐步剥夺君主税权）、中期发展阶段（1689—1851 年：议会控制债权和支出权）、发展成熟阶段（1852 年至今：一系列政府预算制度改革）。

1867 年第二次议会改革之后，预算控制权由议会向政府行政部门转移。任何人想要成为议员，必须首先得到政党的支持。而议员进入议会，必须服从于自己所在党的领袖。因此，议会的权力实际上控制在政党手中。通常情况下，执政党在议会下院拥有多数席位，所以内阁和政府的提案基本上都能获得通过。19 世纪末以来，下院往往原封不动地通过政府的预算草案。

在英国，财政部每年都会通过互联网公布预算收支情况，其中包括详细的开支分项，以 PDF 或者 EXCEL 的方式，公众通过互联网可以方便地查找感兴趣的经济数据。

官方建立的数据库是公开部门预算的另一种途径，政府通过"数据英国"网站发布财政支出、财务报告等信息，对热点议题和收支项目作出解释，对公众意见进行回应。英国政府通过社交网络向公众在第一时间公布预算、财经信息，例如社交网 Twitter，同时财政部也利用图片共享网站 Flickr 公布相关信息，将枯燥的财经数据用有趣的图像展示。

按照法律规定，地方预算收入不纳入国家预算，由地方独立编制并批准，不需要上一级或中央机关批准。

2. 美国联邦预算权力的配置与协调

美国联邦预算权的配置经历了国会主导阶段（1789—1921 年）、总统主导阶段（1921—1974 年）以及国会和总统共同控制阶段（1974 年至今）。

一是国会主导阶段，又称"古典预算时期"，立法机关主导预算编制、审查，政府只是被动地执行，经常被讽刺为"一堆杂乱无章的事后报账单"。

二是总统主导阶段。1921 年《预算与会计法》规定，联邦政府预算由总统负责编制，提交至国会审批，改变了百余年来由各单位编制预算并直接提交至国会的做法。随后，成立联邦政府预算局（Bureau of Budget），负责协助总统进行预算编制。

三是国会和总统共同控制阶段。1974 年《国会预算及截留控制法案》规定，国会众参两院分别设立预算委员会，负责预算审议，而且相互协调，使立法者能对预算做全貌的审视，防止预算失去控制。成立国会预算办公室，聘请经济、财政、预算等专业人才，分析行政部门提出的预算，为国会提供预算审议的建议。同时，国会对总统的预算权力进行限制，如行政部门拖延支出的限制、对总统预算扣押权的限制等。1974 年以后，美国又颁布了一系列法律，为国会和总统对预算的共同控制提供法律保障，形成了现今国会和行政共同影响、相互制衡的政府预算格局。

3. 德国的预算公开

德国联邦政府预算由 5 年财政计划和当年财政预算构成，年度预算以 5 年财政计划为依据，或者说当年的预算只是 5 年财政计划的一个单列年度计划，滚动式计划，逐年修改。

预算审批需要联邦议院对预算草案进行三次大辩论，通过后转送联邦参议院审批。第一次在预算编制前，财政部门要向立法机关汇报经济形势分析、政策分析以及资金投向重点分析等预算编制准备情况，联邦议员们提出指导意见；第二次是立法机关的预算委员会进行审批，将审批的结果向全体会议报告，全体讨论预算草案，并提出修改意见；第三次是立法机关对修改后的预算草案，再次辩论，全体表决。立法机关审批通过后的预算草案，经财政部长、总理、总统依次签字后，成为具有法律效力的文件，在官方报纸上公开。

由于地方自治的要求，德国市镇预算在本地议会讨论期间也向居民公开，居民可以直接向议会反映自己的意见和要求，一些地方议会设有专业委员会负责各类收支的审查，规范且专业化。

4. 日本的预算法定与透明

日本的会计检察院与国会、最高法院一样，作为独立机构，在财政上享有"特殊待遇"，具有较高的预算自主权，即独立编制预算的权力。一般政府部门编制的预算必须首先提交给财务大臣，而会计检察院、国会和最高法院的预算则是直接提交给内阁，如果内阁要对这三个机构的预算予以削减，必须连同详细的收支预算提交国会，由国会处理。根据《宪法》和《会计检察院法》规定，决算由财务大臣编制，内阁必须在下一年度11月30日前将决算送交会计检察院，凡政府一切收支须接受会计检察院审计。内阁必须将决算和审计报告一并提交国会审议。

日本预算管理法定化、科学化、精细化、透明化及集权化程度都非常高。在预算公开透明方面做得也很出色，公开的内容不仅有每年的预算案等正式文件，还包括预算形成过程的各种草案以及相关记录。政府官网资料更新速度很快，每年8月、10月以及12月就已经将第二年的预算案讨论稿公布于官网，第二年2月国会通过的预算会迅速在网上公开。对于在预算的整个过程中的重大事件，政府都会通过电视、网络媒体进行即时报道，公开预算过程，专家和民众都能参与预算的辩论。

此外，还通过书店出售财政预算书和决算书，详细说明财政资金来源与用途。会计检察院每年都要编制检查报告提交国会和内阁，《决算与检查》《会计检查梗概》等公开发行，报告预算检查中发现的问题、问题的责任部门和单位、问题造成的经济损失和改进意见等。

四、公平与效率融合机制缺失导致公共风险扩大

妥善处理公平与效率的关系，是推进财税体制改革必须坚持的重大原则，对于防范和化解社会危机、实现财政—经济—社会之间的良性循环具

有决定性的作用。

（一）资本逻辑下公平与效率的脱节

公平与效率一直是经济学的主要命题之一。资本逻辑下，在公平与效率对立中寻求公平，结果往往偏向于效率。从公共财政的资源配置、收入分配和稳定经济的职能来看，其中既有公平的目标，又有效率的目标。虽然公共财政也以"公共性"为目标注重公平，但是由于经济学是从个体理性出发，目标指向物，因此公共财政虽然注重公平目标的追求，但是由于公共财政从属于市场经济并服务于市场经济，因此在实际运行过程中不可避免地偏向于效率。

1.以物为本的资本逻辑对"人"的忽视

西方经济学"以物为本"，公共财政是从西方经济学中得出来的，是市场的视角，虽然跟过去的财政理论相比是很大的进步，但依然是"物本财政"。因为公共财政的理念还是，市场能做的交给市场，市场不能做的交给政府，强调的是效率，而效率还是以生产为本位，以生产为本位的财政还是属于物本财政。现在整个西方经济学就是以生产为本位的经济学，而不是以人为本的经济学。因此，在以生产本位、以物为本的西方经济学指导下，形成的公共财政也是以物为本位的财政。公共财政源自西方，是按照西方经济学的框架建设的，是物本财政。与过去的所有制财政相比，公共财政是一个巨大的进步，它凸显了公共性。但与现代财政比较，公共财政又有历史的保守性，是以物为基础的财政。而现阶段，在国家现代化的进程中，公共风险治理包括社会治理等方面的重要性更加凸显。

2.基于社会公平的制度改良陷入个人主义的怪圈

市场经济条件下公平与效率的失衡，引发了一系列的社会问题，西方国家也在不断地进行改良，如发挥财政的再分配功能、实施全面的社会福利政策等。但由于制度改良也是基于个人主义的方法论进行的，这种改良也只能发挥一时之功效，最终还是陷入个人主义的怪圈。

市场失灵是微观主体理性选择的结果，福利经济学与公共选择理论也是基于个人主义的方法论进行分析的，财政分权的理论基础"用脚投票"理论也是个人主义分析方法。可以说，目前主流财政学的分析方法是建立在个人方法论基础之上的，最终体现的也是个体理性。西方经济理论也已经证明，个体理性并不必然地推导出集体理性，甚至会产生"合成谬误"，个体理性难以体现出公共理性。当前一些国家和地区发生的社会动荡问题，是市场失灵、政府失灵还是其他什么失灵？其实就是对个体理性过度追求而导致的公共理性的失调。追求公共理性，要尊重个体理性，但不能完全依据个体理性，要对个体选择进行引导、约束与激励。

目前的主流财政学以市场失灵为逻辑起点，推导出以提供公共产品弥补市场失灵，进而促进社会的帕累托改进，即在没有任何一个人情况变坏的情况下，使至少一个人的情况变好，这也是西方经济学个人主义方法论的体现。如果财政制度的目的是帕累托改进，显然太狭隘了。为了实现帕累托改进，理论与实务界长期陷入公平与效率的争论，在缺少明确标准的情况下，这种争论永远难以达成一致，导致现实中既出现过平均主义的极端，也存在不少贫富差距过大引起社会动荡的案例，似乎没有哪个国家或地区能够在公平与效率间找到最优的平衡点。陷入公平与效率之争的财政势必也会忽左忽右，虽然在一定程度上弥补了市场失灵，但财政本身也时常成为经济社会矛盾的聚焦点与危机的爆发点。

3. 资本逻辑下公平与效率难以实现融合

如果把效率和公平比作两个车轮，公共财政试图用公平这个轮子来驱动，但是由于公共财政的经济属性，公共财政最终总是要依靠效率这个轮子来转动。在公共财政体系中，公平和效率不是有机融合的，而是在一定程度上对立的，公平和效率无法并行。在重大政策取向上，公共财政一会儿偏向公平，一会儿偏向效率，总是在公平和效率问题上打转转，并且最终总是偏向于效率取向，这样公平和效率二轮车就容易变化成为独轮车。这种情况下，经济和财政收入都有可能快速增长，但社会贫富差距和各种矛盾却在日益凸显，社会公平正义受到极大挑战。这点可以从国内外公共财政的实践中得到证明和体现。与市场经济体制建立相伴随，西方公共财政体系建立有上百年之久，但公平和效率的问题没有得到结局，以至于"从 20 世纪七八十年代开始，西方的不平等再度加剧"[①]。在中国，自 20 世纪末开始探索建立公共财政体系，对所谓的"民生"投入可谓不少，但贫富差距等各种社会矛盾不但没有得到缓解，反而日益凸显。"据估算，20 世纪 90 年代及 2000 年初中国财富不平等程度与瑞典相当，到 2010 年则上升到了接近美国的水平，甚至有过之而无不及。"[②]

（二）社会福利陷阱及其教训

第二次世界大战后，我们见证了西方现代福利国家诞生、崛起到危机的整个过程。市场经济具有先天的优胜劣汰作用，不可避免地会产生两极分化，使得经济运行效率得到前所未有提高的同时，牺牲社会公平带来的

---

① ［法］托马斯·皮凯蒂：《21 世纪资本论》，巴曙松等译，中信出版社 2014 年版，第 241 页。

② ［法］托马斯·皮凯蒂：《21 世纪资本论》，巴曙松等译，中信出版社 2014 年版，第 17 页。

社会问题频发。战后，西方国家特别是西欧、北欧国家基于福利经济学的理论，对资本主义制度进行了改良，核心就是社会事务的国家化，即国家通过向公民提供社会福利的方式把原本归于个人的事务纳入国家保障范畴。2017 年，欧盟人口数量占世界人口不到 7%，GDP 占全球总量不到22%，社会福利支出却占全球福利支出的 50%；2016 年，欧盟各国社会保障支出占 GDP 的比重平均达 28.1%，如图 4-1 所示。

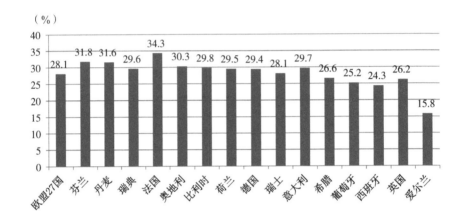

（%）

图 4-1　2016 年欧盟各成员国社会保障支出占 GDP 比重[①]

21 世纪以来，欧洲经济衰退、人口老龄化、劳动力短缺等问题的出现，给欧洲福利国家带来了巨大压力。一是放大了金融危机和欧债危机的影响。尽管不能把欧债危机完全归于福利国家，但发生主权债务危机的国家都是典型的高福利国家；实行财政紧缩政策，削减社会福利和政府支出，是危机国获得外部经济援助的前提条件。二是形势严峻的人口老龄化问题。第二次世界大战后欧洲国家普遍出现了婴儿潮，高福利政策率先覆

---

① 参见吕普生：《21 世纪欧洲福利国家面临的新挑战》，《武汉大学学报（哲学社会科学版）》2020 年第 1 期。

盖的是这些人口，随着人口老龄化的快速发展，失能、半失能等弱势老年人数量迅速增长，国家公共支出负担不断加剧。三是就业结构和形态变化带来福利冲击。在以制造业为主体的工业社会，福利制度主要面向产业工人。随着欧洲国家从工业社会转向后工业社会，第三产业成为吸纳就业的主导产业，对传统的福利制度也构成了巨大挑战。四是社会转型过程中新旧福利需求导致的社会冲突。福利国家的社会福利制度不是一次成形，而是"打补丁"式构建的，不同年龄、不同行业、不同群体间的福利水平不完全一致，社会转型条件下，新行业、新群体对社会福利提出了更高要求，而增加新人的福利，势必要减少老人的福利，不同群体间对社会福利的不同需求成为新的社会不稳定因素。

与传统农业、工业社会中国家治理面临的战争、自然灾害等风险相比，现代社会的公共风险更多是"人造"风险，即由人的需求衍生出的公共风险，最突出的就是"福利陷阱"。个体及国家对福利最大化的需求，超过了自然及社会的可承受能力，并演变为生态和经济、社会危机。一些新兴国家因在中等收入阶段追求过度福利且没有处理好经济社会风险而陷入"中等收入陷阱"，"中等收入陷阱"只是一种经济表象，其背后的根本原因是"社会福利陷阱"；一些发达国家的经济金融危机也多因过度社会福利而起。可以说，"福利陷阱"已成为现代国家治理面临的重大风险。

首先，以社会福利最大化作为目标，并不能从根本上解决社会矛盾。社会福利是一个没有明确边际的量词，不同的人、不同的收入水平、不同的发展阶段，有着不同的社会福利需求。就个体来说，在基本生存需要都得不到满足时，一片面包就是福利；当情感和归属需求得到满足后，受到尊重才是福利；受到尊重后，一个有利于自我实现的环境才是福利；当自我价值得到实现后，又产生了新的福利需求。就社会发展来说，当九年制义务教育得到满足后，势必会向十二年制义务教育延伸；当大学教学基本普及后，幼儿教育又成为社会矛盾的焦点。

其次，以社会福利最大化为目标，最终会损失社会福利。经济发展的目的在于谋取社会福利，经济发展与社会发展是辩证统一的。但过度追求社会福利，使社会资源过度地投入改善社会福利之中，会制约经济发展的能力，最终会影响社会福利的改善。经济资源在经济发展和社会发展之间的投入应当达到一种均衡，经济发展不是越快越好，社会福利也不是越高越优，二者均衡进步才是最佳选择。

最后，以社会福利最大化为目标，最终会破坏政府防范和化解危机的能力。政府应对公共风险、防范和化解公共危机的能力主要来自其资金与资源的筹集能力。如果政府把过多的资金与资源投入社会福利当中，势必会弱化政府应对公共风险和化解公共危机的能力，最终又会影响社会福利改进目标的实现。

要避免现代福利国家的危机，必须纠正以社会福利最大化的国家治理目标，把社会福利当作国家治理的手段，把公共风险最小化当作国家治理的目标。社会福利一旦提高，便成为刚性需求，正所谓"由贫入富易，由富入贫难"。对社会福利的依赖所造成的政府与人民的矛盾、财政收支的矛盾使得不能减少的社会福利与日益沉重的财政负担成为不可调和的矛盾。一是过度社会福利使社会生产成本上升，弱化了国家的经济竞争力。社会福利投入主要来源于税收，过度社会福利对应的是过度的税收，过度的税收提升了企业成本，会弱化整个国家的经济竞争力。二是社会福利政策往往难以考虑长期的人口结构变迁因素。社会福利政策一旦形成，只能上升不能下降，但人口结构却不是持续优化的。有些社会福利政策是在劳动力占比较大时出台的，当人口结构发生变化，劳动力占比迅速下降时，福利政策就变成了财政压力。三是社会福利会催生出新的福利需求。社会福利实际上是一种自我强化的机制，一种福利需求被满足会产生新的福利需求，基本生存的福利需求被满足反而会激发个体的冒险精神。四是社会福利体系中隐含着道德风险。如果仅靠社会福利就能谋得一定的生活水平，就会使一部分人丧失劳动的积极性，且这种生活水平越高，道德风险就越大。

（三）民粹主义高涨根源于公平与效率的割裂

消除群体和区域间存在的差距是所有国家共同面临的挑战。任何国家都存在群体和区域差距，且这种差距以 10 年、20 年为单位，随着全球化进程的发展逐步扩大。在美国，特朗普当选总统的原因是因为切中了美国贫富差距这一现实问题的要害，依靠农村和郊区选民、城市中下层选民的支持取得成功。在英国，远离伦敦的英格兰东北部民众的投票成为全民公投中决定英国脱欧结果的关键因素。世界范围内普遍存在群体和区域间收入的不平等越来越大，当生活成本的上升使中产阶级和低收入群体难以维持生计之时，必将引发激烈的社会对抗及重大危机。

2018 年 11 月 17 日，法国爆发了规模宏大的"黄背心"运动，这是 1968 年以来法国最严重的社会动荡。运动的源头是上调燃油税计划，马克龙担任总统以来，为减少排放、推广清洁能源，决定提高燃油税和分阶段引入碳税，希望以新能源汽车替代排放污染严重的车辆，减少交通运输行业对环境造成的有害影响。这一政策令中产阶级和农村地区民众感到生活负担正在增加。在山区和乡村，由于公共交通缺乏，居民必须开车前往市场购置生活必需品。燃油对于他们而言需求弹性小，如果燃油税进一步上调，必然影响家庭正常生活。

从横向比较来看，法国的汽油价格在欧洲国家中已是最高。每升汽油零售价中，超过一半是税。2017 年以来，政府已经上调了燃油税，每升柴油上涨 7.6 欧分，每升汽油上涨 3.9 欧分。柴油价格上涨约达 23%，达到近年来最高。2019 年法国预算案计划再次上调燃油税，每升柴油加 0.065 欧元（合人民币 0.5 元），每升汽油加 0.029 欧元（合人民币 0.22 元）。对于乘坐地铁出行的巴黎市民来说，燃油税上涨痛感不明显，而对靠汽车通勤、收入勉强维持生活的居民来说，痛感极为明显。这"0.065 欧元 /0.029 欧元"成为压垮骆驼的最后一根稻草。

随着"黄背心"运动的升级，抗议活动演变为民众对生活成本上涨抗议以及对马克龙政权质疑，要求马克龙总统下台的运动。抗议者不满马克龙执政后为企业和高收入人群推出的减税政策，指责其政策仅服务于精英阶层，与普通民众生活脱节。马克龙的支持率由上台伊始的 60% 以上滑落至 18%，陷入就任总统一年半以来最大的危机。

五、对我国财税体制改革的启示

（一）现代财政制度构建不能脱离国情

从各国财政制度来看，虽然体现了很多的共性，但也反映了各国的国情。财政制度与各国的发展阶段、历史文化环境基本上是相符的，同时也体现了各国国家治理体系与结构。我国现代财政制度构建也应扎根于我国现时的发展阶段及历史文化环境，与国家治理体系的完善形成互动，并着力形塑国家治理结构。

1. 现代财政制度构建不能脱离国家发展阶段与历史文化环境

通过对各国做法进行比较，可以发现，各国在财政制度构建方面并不完全相同。实践中，由于受自身历史条件、政治环境、经济发展阶段、国家规模、全球化进程等因素的影响，每个国家的财政制度模式也各不相同，没有一个固定或统一的模式。发达国家的财政制度构建经历了长期逐步演进的过程，不可能一蹴而就，但规范化、法治化是大趋势。然而，也应看到，财政制度的完善性和市场经济发达程度、政府职能完善程度等密切相关，且需符合本国国情。如果在条件尚不成熟的情况下过早进行财政制度改革，反而会增加调整完善程序的复杂程度。

2.现代财政制度构建应与国家治理体系的完善形成互动

财政作为国家治理的基础与重要支柱，同时也是国家治理体系的重要组成部分，财税体制改革与国家治理体系现代化之间不存在先后次序的问题，而是应当形成互动关系，即：基于国家治理体系的完善来推进现代财政制度建设，以现代财政制度构建助推国家治理体系的完善。从各国经验来看，不是先有财政制度的完善，后有国家治理体系的完善，也不是先完善国家治理体系，再完善财政制度，二者是在演进过程中动态互动的。英国政府在19世纪一直在运用财政工具治理国家，创造民众对政府的信任，从而提高政府治理水平。其中，严格的财政管理、规范的税收、向公众提供更多的福利等，发挥了重要作用。如19世纪70年代，英国民众对国家发展中的贫困、养老和医疗的不足等问题越来越不满；基于此，英国开始扩大财政支出，满足济贫、养老、退休等的需求，同时引进了直接税，并对所得及财产征税，至1914年，英国的所得税、遗产税两种税已占税收收入的44.1%以上。

在当前复杂的利益关系中，国家与市场（企业）的关系、国家与社会（个人）的关系、中央与地方（城乡区域）的关系这三条主线构成新时期国家治理的三个维度结构，构成新时期的国家治理结构。从财政来看，这三个维度则是财政在新时期的坐标系，财政活动、财政改革、财政法治都深深嵌入这三个维度之中。上述三个维度的利益交集，汇集财政于一身。财政之所以牵一发而动全身，是因为财政牵扯着全社会所有利益神经。[1]

---

① 参见刘尚希：《财政与国家治理：基于三个维度的认识》，《经济研究参考》2015年第38期。

3. 以财税体制改革形塑国家治理结构

财政社会学研究中存在着一个重要命题，即：只有真正的税收国家才能形成高质量的国家治理①，或者说财政汲取形式变革有助于形塑国家治理结构。一些文献通过不同的方法，证明了国家采取的不同汲取形式，对国家治理水平确实产生了不同影响。比如，一些通过垄断自然资源出口而获取自然资源租金（natural resource rents）以及依托地理要冲而获得大量战略租金（strategic rents）的发展中国家，治理水平一般都比较低；与自然资源租金及战略租金作用相反的是，一个国家的财政收入如果以税收为主要来源，那么国家治理水平会更高。预算管理制度在推进国家治理提升方面的作用也在理论和实践中得到一定程度的印证。19 世纪末至 20 世纪初，美国政府、民众和社会组织、议会等各主体就预算权力展开了博弈，进而推动美国联邦预算制度的改革；新的预算制度调整了民众、议会和政府机构的权力格局，推进了美国国家治理结构的完善。

事实上，财税体制改革是牵一发而动全身的改革，涉及政府与市场、政府与社会利益的深刻调整，进而又会影响到政府、市场与社会内部的利益调整，对整个国家的利益结构会产生重大影响，自然会对国家治理结构的变化产生作用。财政体制改革虽然调整的是政府间的财政关系，需要各级政府间达成共识，但政府间财政关系的调整归根到底也会涉及社会各方面，需要各方面达成共识；税收制度改革关乎市场主体、社会主体的切身利益，更需要全社会的广泛参与与达成共识；预算管理改革虽然是政府支出权力的调整，缺少广大民众的共识和认同感，也是难以推进的。可以说，整个财税体制改革都需要全社会的参与与共识，是以政府为主体，包括市场主体、社会主体在内的各类主体共同参与、相互博弈的结果。这种

---

① M. Moore,"Revenues, State Formation, and the Quality of Governance in Developing Countries", *International Political Science Review*, Vol.25, No.3(2004),pp.297−319.

博弈会在互动中形成稳定的制度安排，进而上升为法律；一旦法定，国家治理体系也需要对其作出回应，国家治理结构也要随之发生变化。

（二）现代财政制度以法定为基本特征

建立在市场经济基础之上的现代财政制度，必须符合法治化要求，以健全的财政法律体系为基础，制约公共权力，保障公民权利，明确规定财政的基本要素、运行程序和规则以及相关主体权力、权利、义务、责任等，使整个财政活动依法高效、规范、透明运行。西方国家的市场经济制度建立较早且比较完善，其财政立法也相对较早，且不同阶段的财政改革，均是立法的形式进行确认。

1. 财政体制法定

即以法律的形式，明确规定各级政府的财权、事权和支出责任，以及转移支付的方式方法，从而在政府间形成科学、稳定的财政关系，为国家治理及其运转提供财力支撑。英国作为判例法国家，没有成文宪法和预算法，中央与地方事权和支出责任主要由国家议会通过、数年一定的"地方主义法案"进行明确，具有严格意义上的法律效力。美国《宪法》第1条第8款明确了联邦政府的各种权力，第10条修正案明确规定：凡宪法未授予联邦或禁止各州行使的权力，皆由各州或人民保留。日本则在《地方自治法》中对中央与地方的事权进行了一般性规定，《财政法》和《地方财政法》则详细规定了中央与地方财政事权和支出责任的划分。财政体制法定是财政法治的基础，对于国家治理框架的稳定性具有基础性作用。2014年，党的十八届四中全会通过的《中共中央关于全面推进依法治国若干重大问题的决定》要求推进各级政府事权规范化、法律化，完善不同层级政府特别是中央和地方政府事权法律制度。

2. 预算法定

预算法定是世界各国建立现代预算制度的共识，即预算的编制、执行、调整、监督等每个环节都必须依法而行，遵照相关规定和流程，强调预算权力体系中的制约与平衡，要求做到公开透明。从各国经验来看，预算法定是现代预算制度形成的基本标志之一。美国 1921 年出台的《会计与预算法》标志着其在国家层面建立起了现代预算制度；英国在 1787 年出台的《统一账户法》废除了分散的部门账户管理体系，1866 年出台的《财政审计法》又形成了独立的政府预算监督部门，为现代预算制度的形成奠定了法律基础。我国于 1994 年出台了《预算法》,2018 年进行了修订，虽然预算立法基本完善，但预算法规软约束问题依然突出，人民代表大会在预算法执行中的作用还有待进一步强化。

3. 税收法定

也可称之为无法律规定则政府不征税、公众不纳税，一方面反映了纳税双方的双向制约关系，另一方面从收入环节确定了国民收入分配的总体格局。发达国家和地区较早地践行了税收法定原则。美国 1787 年《宪法》中就明确体现了无代表不纳税的原则，确立了税收法定在其税收立法中的基础地位；20 世纪 80 年代，美国通过的《纳税人权利法案》，确保纳税人权益得到有效保障。英国是最早确定税收法定原则的国家，其在 13 世纪的《大宪章》中就明确：国家的税收决定，必须得到国王和议会的同意才能实施；只有得到全民同意，才能征收代役金或贡金。1689 年，英国光荣革命胜利后，出台了《权利法案》，更是以法律的形式，确立了英国税收法定主义原则。

4. 法定的要义应体现民意与约束公权

财政法治化是推动国家治理现代化的必然要求。财政体制法定、预算法定和税收法定是财政法治的必然要求和具体体现，是财政法定的重要组成部分。财政法定是宪法和法治原则在财政与税收领域的具体体现，强调政府在行使财政权力时要严格遵循法律规定，并依法保障公民的合法财产权利，也就是说，体现民意与约束公权是财政法定的核心要义。西方国家均在本国宪法及法律中规定财政法定原则，并在具体的法律形式中作出具体的规定，其财政立法很大程度上体现了民意，并对公权力进行了制约。首先，财政法定要体现民意。财政法定体现民意，是由财政"取之于民、用之于民"的性质决定的，财政收入来源于公民，财政支出用于公民，收支都体现民意才从根本上具备合法性与合理性。为体现民意，在财政立法过程中，应强调程序正义、公开透明，广泛征求各方意见，最大限度地凝聚社会共识。在执法过程中，要最大限度地保障纳税人权利，特别是保护公民的私有财产权利，防范侵犯公民财产权利的不当行为发生，保障纳税人的参与权和监督权。其次，财政法定要限制公权力。公共权力的行使本质上是公共资财的筹集与运用，财政法规是对公共资财筹集与运用的规范，必然也是对公共权力的限制与规范。在有法可依的基础上，政府只能严格遵循法律的授权，在允许的范围内执行法律；法律规范之内的，不应存在自由裁量的余地，法律规范之外的，应在立法机关的授权下行使。

（三）坚持人民逻辑，构建公平与效率融合的制度保障

政府所有的职能都需要财政支撑，政府的所有行为都会反映到财政上。收入分配差距的不断拉大，不仅是一个严重的社会问题，也制约着经济的增长和发展。应通过税收、财政支出、转移支付等政策工具和手段发挥重要的收入再分配作用，特别是在经济下行期间，企业和居民生活成本明显上升和税收负担加重时，政府更需要重视和加强财政的公平分配，在维护社会和谐稳定的基础上，才有可能实现经济的有效率的增长。如果不

能及时调整国民收入分配格局，努力增加中产阶级和低收入群体的收入水平，提高广大民众的满意度，必然会因为差距过大引发民众不满，爆发社会危机，从根本上恶化经济增长和发展。

1. 人民性是公平与效率融合的逻辑基础

马克思主义认为，民主的实质是人民主权，根本特征是人民当家作主。因此，无论是发达国家还是发展中国家，达成一致意见和获得基础广泛的政治支持是成功进行一切改革的至关重要的条件。财政改革亦是如此，尤其在经济增长缓慢时，只有在"公平"分摊改革成本和分享改革收益、对弱势群体给予保护或补偿上形成共识，才有助于达成对改革的一致意见。坚持以人民为中心的发展逻辑，推进体制制度改革，理顺政府与市场、国家与社会、中央与地方等各项重大关系，实现国家治理的现代化，才能够成功应对并化解重大社会危机带来的压力。需要注意的是，在继续改进福利、保障民生以提高民众满意度的同时，还应加强民众福利期望值的科学管理，以缓解民众对于福利改进的不满因素，政府在为百姓办实事、改善民生方面切忌过高承诺、过度保障，不急功近利，不吊高胃口，不搞一步到位。

2. 我国具备公平与效率融合的制度优势

顺着"财政是国家治理的基础"这个内在逻辑，财政的职能作用就不只是反映在经济方面，而是体现在包括经济、社会和政治等各个方面。因为国家治理一定是整体性、系统性的工程，既然财政是整体性、系统性工程的基础，就不是某一个方面。党的十八届三中全会通过的《中共中央关于全面深化改革若干重大问题的决定》提出："科学的财税体制是优化资源配置、维护市场统一、促进社会公平、实现国家长治久安的制度保障。"这句话内涵丰富，实质上是对财政功能作用的精辟表述。资源配置、市场统一是效率问题，而社会公平则是现阶段社会关注的焦点问题。长期以来，效率、公平成为跷跷板的两端，成为理论和现实中很纠结的问题。其实，效率与公平不是哪一个优先的问题，而是从一个社会整体来看，实现二者的有机融合。在一定程度上，国家治理能力的强弱，可以用效率与公平的融合程度来衡量。融合程度越低，越是一边倒，就表明公共风险越大；融合程度越高，越是有机融合，就表明国家治理越是有效。

财政改革通过融合公平与效率，对于推动一国振兴发展具有十分重要的意义。这既可以在许多发达国家的发展中找到例证，也可以从中国历史、现状和未来发展中找到依据。19 世纪末 20 世纪初美国预算制度变革开启了"进步时代"的大幕，推动美国步入世界强国之列。美国内战后进入高速工业化的发展轨道，但伴随而来的是政府腐败、竞争失序、垄断横行、假冒伪劣商品泛滥、空气污染严重、社会贫富分化加剧。面对遏制腐败，重建国家治理秩序，美国掀起了一股"进步主义"运动。在这场进步主义运动中，西奥多·罗斯福总统扮演了重要角色，预算制度改革是标志。进步主义者认为规范政府行为是"解决国家弊病的工具"，要通过预算改革把"看不见的政府"变为"看得见的政府"。他们认为预算问题是关系到民主制度是否名副其实的大问题，没有预算的政府是"看不见的政府"，而"看不见的政府"必然是"不负责任的政府"。在他们的推动下，1908 年，美国推出了历史上的第一份现代预算。1919 年，全国有 44 个州通过了预算法。1921 年，美国国会通过了《预算与会计法》。现代预算制度，将政府行为的细节展现在阳光下，提高了政府整体运作效率，也为美国各种利益体的博弈提供了完整的法律平台，使其能对政府进行有效监督，遏制腐败蔓延，增强了政府应对各种社会冲突和危机的能力，全面提升了国家治理水平。与此同时，美国对财政体制进行了全面调整，理顺了国家治理的三维关系，构建了"小政府、大社会、强市场"的国家治理新结构，推动了美国 20 世纪的飞速发展。这一时期被称为"美国进步时代",也被称为美国"二次建国"。中国历史上的每一次财政改革都是由社会矛盾激化激发的,成功的改革往往能缓解社会矛盾,带来国家的长治久安。而改革无法化解社会矛盾,往往会导致底层民众的激烈反抗甚至武装起义,引发社会震荡。

党的十九届四中全会强调,我国国家制度和国家治理体系具有多方面的显著优势,包括党的领导、依法治国、全国一盘棋、共同体意识、以人民为中心等 13 项。最根本的是,我国作为中国共产党领导的国家,党又是最广大人民群众利益的共同代表,能够在制度上摒弃资本逻辑,坚持人民逻辑,一切依靠人民、一切为了人民。这是我国融合公平与效率的根本所在。

3. 以公共风险状态判断公平与效率融合的程度

风险是目的与结果之间的不确定性。风险体现的是一种个体理性,是个体在不确定环境下作出选择的收益或代价。冠之以"公共"二字,就从个体理性上升到了公共理性,即集体或共同体在不确定环境下作出选择的收益或代价。以市场失灵为逻辑起点的财政,基于个体理性选择追求资源配置优化,最终达到帕累托改进,不可避免地出现了"合成谬误",我们常说的"政府失灵"就是这种"合成谬误"的表现。以此为逻辑所设计的财政制度,势必在一定程度上优化资源配置的同时,导致自身的失灵,使得自身成为一些矛盾与风险的源头。财政资金是一种公共资财,其安排应当反映公共理性,应当以集体或共同体的稳定、持续、进步为目标。以公共风险作为财政的逻辑起点,以公共理性作为财政的追求目标,就能够在兼容个体理性同时实现公共理性,而不是在尊重个体理性的同时牺牲公共理性。以市场失灵为逻辑起点的财政,目标是通过弥补市场失灵,优化资源配置,实现帕累托改进,进而追求社会福利的最大化。以此为逻辑,通过优化资源配置,在其他个体福利不变情况下改进部分人的福利就可以了，现代福利国家就是因此而生的。而事实上，很多福利国家都出现了问题。是理论出现了问题，还是实践中出现了偏差？实际上是在公平与效率间权衡时忽略了风险因素。社会公平出现了问题，提高社会公平度，结果是牺牲了效率；经济效率出现了问题，提高经济效率，结果社会公平又出现了问题。二者之所以无法做好权衡，就在于没有一个权衡的标准，谁多谁少谁也说不清。我们曾提出要追求公平与效率的有机统一，如何有机统一，也是个问题。但如果把风险的权衡融入其中，公平与效率的权衡就有了标准和依据。公平和效率哪个应该多一点，以公共风险最小化的标准衡量。因此，确立公共风险最小化的价值理念，在理论上有助于摆脱公平与效率的争论，在实践中有利于为公平与效率的融合找到评判的标准。

第五章　财税体制系统性重构的新路径

　　2013 年 11 月，党的十八届三中全会提出了建立现代财政制度的改革方向；2014 年 6 月，中央全面深化改革领导小组第三次会议审议并通过了《深化财税体制改革总体方案》，习近平总书记在讲话中指出，财税体制改革不是解一时之弊，而是着眼长远机制的系统性重构。[①] 改革开放以来，我们一直把财税体制改革作为经济体制改革的重要组成部分，1994 年的分税制改革，其目的主要是建立"与社会主义市场经济体制相适应"的体制框架；新一轮的全面深化改革，将财税体制改革作为单独的部分提出，并在国家治理体系中与经济体制改革并列，着眼于建立"与国家治理体系和治理能力现代化相适应"的现代财税制度。财税体制改革是全面深化改革的"突破口"、"推进器"和"稳压阀"，财税体制改革既要取得自身的根本性突破，又要为其他领域的改革提供策应和协同，才能为实现国家治理现代化和社会主义现代化建设新征程提供物质基础和制度保障。从这个意义上讲，新一轮财税体制改革绝不是在体制机制和运行端的简单修补，更不是缓解矛盾与风险的临时性措施，而是一场关系我国现代化建设事业的深刻变革，是完善社会主义市场经济体制、加快转变政府职能的迫切需要，是促进经济发展方式转变、推进经济社会持续稳定健康发展的必然要求，是有效办好发展安全两件大事、建立健全现代国家治

---

① 中国政法大学制度学研究中心编：《把权力关进制度的笼子里》，人民出版社 2014 年版，第 214 页。

理体系的重要保障。[1]

一、国家治理视角下财税体制改革应有新观念

（一）整体观

我国是全球第二大经济体，地广人多，区域间差异巨大，同时在国际事务中发挥着举足轻重的作用。我国的财政改革不仅要突破国内地理维度的局限，还应有国际视野，体现大国的意识与担当。从世界上其他大国来看，财政都不仅仅发挥收支管理的作用，而是国家综合治理极为关键的一环。如法国"经济财政部"不仅管理财政事务，还承担着产业政策、统计、市场监管、公共政策、工业信息化、海关、税收、反腐败、反洗钱、人力资源等；美国财政部除管理财政事务外，其职能还包括经济政策、货币金融政策、税收、造币等职能；中美经济战略对话、中美贸易谈判，美国方面财政部部长出席，与我方主管副总理直接对话。这说明，财政部门不只是经济管理部门，而且是综合管理部门，财政不仅是政府收支，而且是以收支为线条的综合政策管理。这意味着，财政改革必须整体推进，对于像中国这样的大国来说，更是如此。

1. 在"五位一体"总体布局中谋划财税体制改革

党的十九大提出了社会主义"五位一体"总体布局，即经济建设、政治建设、文化建设、社会建设及生态文明建设协调统一的布局体系。总体布局是新时代我国国家治理的指导，也是财政改革的根本遵循。我们总是

---

[1]　楼继伟：《深化财税体制改革　建立现代财政制度》，《求是》2014 年第 20 期。

把财税体制改革作为经济体制改革的一部分，相关政策文件中也是把财税体制改革与市场化改革、金融体制改革、国有企业改革放到一起，共同作为经济体制改革的重点内容。这是财政改革到一定阶段，关键改革内容难以推进、落地的重要原因之一。国家治理视角下的财税体制改革，必须突破单纯作为经济体制改革部分的思维框架，把财税体制改革置于"五位一体"总体布局中整体谋划，以财税体制改革促进经济建设、政治建设、文化建设、社会建设及生态文明建设，同时以上述五大领域的改革为财税体制改革创造更加优越的环境和条件。

2. 把"一体两翼"作为有机整体推进财税体制改革

中央与地方财政关系、预算管理、税收制度是财政改革的三大重点，相关改革政策设计中是把这三项重点分别阐述的，实际操作中三大领域的改革政策与方案也是分别出台的。与"五位一体"中"五位"相辅相成、不可分割一样，这三大重点也是可分别表述，但不可分割的。新时代的财政改革必须纠正"碎片化"的问题，在改革方案设计、改革落地等方面把三大重点作为有机整体来推进。

3. 厘清各项改革的轻重缓急与先后顺序

党的十九大对财税体制改革的顺序作出重要调整，将中央与地方政府间财政关系改革放在首位，其后为预算和税收，相比党的十八大作出的财税体制改革安排，更加突出了财政体制改革的关键性与基础性。事实上，央地间财政关系已经成为制约财税体制通盘改革的关键因素。此外，财政体制、预算管理与税收制度三大重点领域的改革也有轻重缓急和先后次序问题，例如，预算标准体系建设滞后就导致很多预算管理改革难以落地，央地间财政关系不清使得全面实施预算绩效管理难以实质性推进等。新时代的财政改革不宜再坚持先易后难、成熟一项改革一项的策略，必须整体谋划，分清主次，以前续改革为后续改革创造条件，加强各项改革的衔接性。

（二）风险观

国家治理的主要目标是促进公平正义、激发社会活力与保障人民民主，这些都是实现国家长治久安的长期目标。从国家治理的视角审视财政改革，就必须突破经济理性假设与确定性思维的束缚，重塑财政改革的逻辑框架。推进国家治理体系和治理能力现代化的目的在于实现国家的长治久安。"长治久安"的核心是"稳定"，"稳定"的基本要求是避免大规模的经济危机与社会动荡，这就要求国家治理的基本目标是防范风险，避免风险转化为危机。

1. 明晰政府间风险责任的划分

风险并不可怕，关键是能够识别、预警与处置。然而，在风险责任划分不清的情况下，即使有识别、预警与处置机制，也会失灵。尤其是公共领域的风险，划清责任更为关键。我国的改革打破了原有的"利益大锅饭"，使得企业与居民都有了越来越强的风险意识，但由于风险责任的界定还相当模糊，甚至部分领域尚没有界定，仍在吃"风险大锅饭"。这一点在事权与支出责任划分方面更为明显，由于在事权划分上中央决策、地方执行的特征，地方政府在执行中央决策时几乎毫无风险意识，想当然地认为无论什么风险，最终中央政府都会兜底。

专栏 5-1 | **事权不清晰引发地方债务风险** |

2015 年地方政府债务管理改革后，地方政府违法违规融资担保不断发生，形成了大量隐性债务，主要原因是，一些地方政府片面追求政绩，不考虑财政承受能力，"新官不理旧账"，期待上级政府买单。由于各级公益性项目建设存在较大的资金缺口，在新增政府债券不能弥补缺口的情况下，一些政府及其部门仍然通过融资平台公司、国有企业、事业单位进行举债，特别是在推行政府购买服务、PPP 模式、政府投资基金中形成了大量未来支出责任。这些债务按照规定不能纳入债务管理系统，但实际上是新增的政府隐性债务。如某省政府购买服务项目中有工程建设类 1000 余项，涉及资金达 2000 亿元，按照《财政部关于坚决制止地方以政府购买服务名义违法违规融资的通知》（财预〔2017〕87 号）整改存在一定的金融风险。一是可能导致资金链断裂风险。整改过程中，以政府购买服务形式购买建设工程的相关协议被中止，贷款被叫停，可能导致工程停摆。一些银行将提前还款或补充相应抵押物等作为撤回担保函、承诺函的前提条件，导致平台公司资金链紧张，流动性风险增大。二是违法违规举债整改存在难度。解除政府承诺、担保、回购等违规协议导致银政企三方利益难以协调，银行短期内难以找到可以替代政府支出责任和土地出让收入的新的还款来源，且受 PPP 项目支出"10%红线"约束，大量政府购买服务项目难以转化为 PPP 项目。三是由于棚户区改造、易地扶贫搬迁项目较多，这些方面的债务短期内纳入预算安排存在困难。

资料来源：2017 年地方财政经济运行调研。

新时代的财政改革，应当在明晰政府间财政关系的同时，考虑公共风险责任的划分与分担问题。公共风险是复杂的，而现代公共风险更体现了这一特征。越来越多的公共风险不再是传统的工业化物质生产过程中所产生的，而是来自技术进步。这意味着风险管理的专业性不是减少了，而是大大增加了。现代社会分工日益精细，专业化水平不断提升，要有效控制风险，必须让风险匹配给最适宜的那一级政府，"让专业的人，干专业的事"。从风险识别、风险防范，到风险处置，不同层级政府的能力是不同的。有效的匹配，可以最有效地控制风险。例如，教育的可获得性风险（是否上得起学），应由较高层次政府来承担；而教育的可及性风险（是否有学上），则可交给较低层次政府承担。

2. 激励与引导各级政府提高驾驭风险的能力

党的十九大要求，各级党员干部要增强驾驭风险的本领，健全各方面风险防控机制。这是新时代国家治理体系和治理能力现代化对政府及公务人员的新要求。与联邦制国家的"倒三角形"的事权结构不同，体现单一制国家的特征，我国现行的财政事权结构呈现"正三角形"的格局，即中央及地方政府的独立事权较少，共同事权较多。共同事权又由中央及地方各级政府共同承担，如基础教育事权，其支出责任就是由中央、省、市、县级政府按比例分担的。越是基层政府，风险驾驭能力越弱。事权下移、风险上移的特征在我国比较明显。

专栏 5-2 │ 基层政府事权与风险应对能力不匹配 │

在巨大的财政收支矛盾下，一方面要促进经济社会发展，另一方面财力仅能满足"三保"支出，许多上级补助资金又有专项用途不能挪作他用，融资举债成为弥补公共财政和调控用于其他社会事业发展的主要选择。2015 年政府债务管理改革后，中央允许地方发行地方政府债券，但难以弥补地方各级政府公益性项目投资需求。2016 年、2017 年，中央下达 S 省新增政府债券额度分别为 341 亿元、443.7 亿元，但当年各级申报汇总的项目建设债券需求分别为 1293 亿元、1570 亿元。近年来，各级出台的各项改革政策、民生工程等公共财政必保的支出需求越来越多，地方政府承担的支出责任越来越重，脱贫攻坚、环境治理、经济转型等各方面都急需资金，地方财政收支矛盾越来越突出。从 S 省的某市辖区来看，各项事业发展对财政投入的要求越来越高，收支矛盾十分尖锐。2017 年以来，为支持河长制、路长制、"行政效能革命"、"烟头革命"、"厕所革命"、道路增绿、治污减霾及脱贫攻坚等重点工作，该区财政已经支出 1.2 亿元以上，预计还有 2 亿元资金缺口；加之撤县设区，人员工资保障方面还有较大的支出缺口，初步统计 2017 年该区财政支出缺口近 10 亿元。

资料来源：2017 年地方财政经济运行调研。

新时代的财政改革，应当在财政事权适度上提的同时，着力提升基层政府应对风险的能力。任何风险都应当是分担的，这才有可能实现风险最小化。针对不同类型的公共风险，应由不同层级的政府来分担，这也有利于控制风险。例如教育公共服务，有基础教育、职业教育、高等教育，其缺失引发的公共风险是不同的，依次为大、中、小。例如，基础教育缺失引发的经济社会风险是最大的，应当让更高层级政府来分担这项风险。分担风险实际上就是不同层级政府履行事权的过程，最终体现为相应级次政府的支出责任。支出责任划分的背后即是风险分担。这一项原则可进一步延伸到横向的风险分担，例如 PPP 模式，就是相应级次政府与社会资本合作，通过分担风险的方式来提供公共服务。

3. 形成有助于公共风险收敛与出清的体制机制

风险不可能凭空消失，但可以转移和转化，现代商业保险制度就是个人和企业风险转移、转化的市场机制。新时代的财政改革，应把更多的资源用于培育市场机制和社会制度，使得市场主体和社会个体形成丰富的自我应对风险的多元路径，从而使得大量的私人风险不必转化为公共风险。

现阶段应坚持以产权制度建设为基础，继续推进治理体系的分权改革，也即在治理层面实现政府向市场、社会更好地分权，正确处理政府与市场、政府与资产、政府与社会的关系，框定政府提供基本公共服务的范围和方式，同时向市场、向社会分权，政府、企业、社会组织各司其职并形成合力，实现市场、政府与社会"三只手"的有机结合。通过向市场分权的改革构建经济微观基础，使企业真正成为市场主体，提高政府效率；通过向社会分权改革构建社会微观基础，培育社会自治能力，减轻政府负担。

（三）协同观

政府各部门都是政府的一部分，政府的各项改革都是整体改革的一部分，各项政策都是公共政策的一部分，相当于一部车，如果部门、改革与政策间不协调，一个踩油门、一个踩刹车，就容易出事故。"一体两翼"的财政改革也是如此，需要部门间、政府间、政策间协同推进。

1. 中央与地方协同推进，避免"中央热、地方冷"

改革开放初期，我国的很多改革都是"自下而上"的，即地方先行试点，取得效果后，从中央层面推进。新一轮的改革是"自上而下"的，由中央层面出政策、定方案，地方政府执行。由于一些改革事项与地方实际不完全适应，或难以推进，在地方落实起来比较困难。新时代的财政改革，应当进一步强化中央与地方协同、上下联动的原则，在深入调查研究与论证的基础上，在中央层面设计原则性、框架性方案，允许地方政府进行创新探索，推进"更接地气"的改革，让地方政府有热情、有意愿、能落实、能落地。

2. 部门间及部门内部协同推进，避免"各扫门前雪"

大部分改革都不可能由一个部门或机构来完成，教育财政改革需要教育部门和财政部门共同推进，科技财政改革不仅需要科技部门、财政部门的参与，还需要很多其他部门的参与；央地间财政关系改革绝不是财政部门能推动的，它需要中央与各级地方政府、各政府部门的联动；预算管理改革更是涉及作为预算部门（单位）的所有政府部门与单位。如果"各扫门前雪"，各部门推动本领域的改革，就会使改革五花八门、参差不齐、前后不搭，最终使改革流于形式。新时代的财政改革应当打破财政部门内部机构、政府部门之间的壁垒，在明确牵头单位的同时，让相关部门与单位都参与进来。

3. "一体"与"两翼"协同推进，避免各项改革相互脱节

2014年，国务院出台了《关于深化预算管理制度改革的决定》，同年中央审议通过了《深化财税体制改革总体方案》；2015年发布了《深化国税、地税征管体制改革方案》；2016年颁布了《关于推进中央与地方财政事权和支出责任划分改革的指导意见》。从政策文件的发布来看，改革力度无疑是巨大的，然而，落地不均的问题依然存在，总体上看，2020年虽已基本完成相关改革任务，但仍有一些难点和重点问题未获得完全意义上的突破和解决。新时代的财政改革，不宜再采取成熟一项发布一项的模式，应按照党的十九大的相关部署，协同推进"一体两翼"财税体制改革。

二、财税体制改革的新路径：从"三位一体"到"一体两翼"

财税体制改革以推进国家治理体系和治理能力现代化为目标，坚持突破原有的财政功能界限，使财政在保障政府正常履职、有效提供满足人民需求的公共服务、实现基本公共服务均等化等方面发挥重要的作用。国家治理现代化对财税体制改革提出了新的要求，从"三位一体"到"一体两翼"的转变就是对新时代和新形势的呼应。然而，社会主要矛盾的新变化、公共风险增长与变异、改革的"碎片化"等诸多挑战，意味着围绕着"一体两翼"的改革思路，还需要统筹规划与设计财税体制改革方案。

（一）缺乏整体协调的"三位一体"财政改革及其不足

以往，我们对财政改革往往强调结构而并不强调布局，对于财税体制改革往往基于预算管理制度、税收制度、事权和支出责任相适应等三个现代财政制度的构成方面，以平行并进的模式和方法予以推进，事实上这种忽视布局的改革策略很难有效协同推进，使改革陷入原地转圈的情况。首先，财税体制改革是一个整体，分三个方面来推进难以实现三者的有效衔接。税收制度是政府筹集收入的主渠道，预算是规范政府支出的制度安排，事权与支出责任既包括收入也包括支出。如何筹集公共收入，既取决于事权与支出责任安排，也决定了支出；如何安排支出，既取决于事权与支出责任安排，也与收入有关；事权与支出责任划分决定了中央与地方的财政关系，政府间财政关系不明确，收入与支出的制度安排也难以定型。按照"三位一体"的路径推进财税体制改革，容易陷入改革难落地的怪圈。其次，在事权与支出责任改革不到位的情况下，预算管理改革也受制约。预算制度决定了公共支出的决策、执行与监督事项，各级政府间事权与支出责任不明确，预算决策、执行与监督就难以明确权力与责任，即使作出了合理安排，也难以落地。例如，一项公共服务未明确由哪级政府承担的情况下，相关预算的决策者、执行者与监督者容易出现缺位或错位的问题。最后，在中央与地方财政关系不明晰的情况下，税收制度改革也难以全面推进。现代税收制度以法定为核心特征，税收法定的前提是税负、税制、征管手段等的法制化，而中央与地方财政关系不明确，相关的税收制度就只能是不定型的、存在变数的。

（二）"一体两翼"财政改革的内涵

根据《财税体制改革总体方案》的相关要求，财税体制改革主要包括政府间财政关系、现代税制改革、现代预算制度改革等三个基本模块。而在《中共中央关于坚持和完善中国特色社会主义制度　推进国家治理体系和治理能力现代化若干重大问题的决定》中，三个模块既具有各自的内涵和运行规律，又不是相互独立、互不相关的，而是彼此影响、相互依存的统一整体。

1. 以政府间财政关系作为"体"

政府间财政关系也即中央政府和地方政府之间事权与支出责任相适应，其关键是在合理界定政府与市场关系的基础上，保持中央和地方收入分配基本稳定，以税制改革和预算管理为重点，进一步理顺中央和地方收入划分，进一步优化政府间事权与支出责任的关系，促进权力与责任相匹配、办事与花钱相统一，切实保障和提升国家治理效率。这一定位使得政府间财政关系处于财税体制改革的主体地位，中央和地方政府间的财政关系失衡和再平衡决定着税制改革和预算改革的基本方向和措施选择。例如，在中央财政收入增速持续超过地方财政收入，并导致中央和地方财政关系失衡的情况下，税制改革的基本方向和措施随之调整，推动着消费税的征税环节和税收属性的变革、增值税分享比例的进一步调整、房地产税的税负设计与税收划分，优化了中央与地方的基本财力结构；同时也推动了现代预算体系调整关键性机制和措施，包括提高一般性转移支付、降低专项转移支付且取消地方政府配套资金、清理区域性税收优惠政策等改革，形成中央与地方之间的支出责任划分和优化调整后的财力结构。这样，政府间财政关系就成为财税体制改革总体框架的"体"，体现着财税体制改革的基本目标，形成服务国家治理现代化的基础平台，决定着现代税制改革和现代预算制度改革的基本路径和方向。

2．以现代预算制度作为"一翼"

现代预算制度的核心是全面规范、公开透明，这既是改革的目标要求，也是国家治理现代化的基础。现代预算制度是强化预算约束、规范政府行为、加强有效监督，实现"把权力关进制度的笼子里"的重大制度建设和治理手段。现代预算制度作为财税体制改革的"一翼"，支撑着政府与市场、政府与社会、央地之间的三个治理维度。现代预算制度改革着力于完善一般性转移支付体系的稳定增长机制来有效地平衡地区间财力差异，通过取消地方政府对专项转移支付的配套来规范事权和支出责任，推进全面预算绩效管理以提高资金使用的合规性和使用效率，加强对地方政府债务实行限额控制、分类纳入预算管理以规范地方政府债务管理。这些举措使得政府间的财政空间变得更加富余，政府间的财政关系的协调性更好、更加便利，对财税改革的"体"起到了良好的支撑作用。

3．以现代税收制度改革作为"另一翼"

现代税收制度改革的目标是建立健全有利于科学发展、社会公平、市场统一的税收制度体系。与偏重于"支"现代预算制度改革相呼应，现代税收制度改革偏重于"收"，并同样在政府与市场、政府与社会、央地之间三个治理维度上发力，遵循"人本财政"的基本逻辑，形成对我国国家治理现代化的有效支撑。新一轮税收制度改革总体方向是，优化税收制度结构、完善税收功能、稳定宏观税负、推进依法治税，充分发挥税收在市场经济体制下的职能作用，特别是筹集财政收入、调节分配、促进结构优化等三大功能。根据这一定位，现代税收制度一方面要优化税收制度结构、调节分配，从而形成对政府内部制度"内平台"的支持，另一方面要完善税收功能、促进结构优化，以此形成对经济社会制度"外平台"的有效支撑。这种功能结构使得现代税收制度改革成为以政府间财政关系为基础和"体"，以现代预算制度改革为对应、对照的"另一翼"。"两翼齐飞""一体两翼"的建构式模式和运行机制得以完成。

（三）准确把握"一体"与"两翼"的关系

党的十九大报告提出，要"加快建立现代财政制度，建立权责清晰、财力协调、区域均衡的中央和地方财政关系。建立全面规范透明、标准科学、约束有力的预算制度，全面实施绩效管理。深化税收制度改革，健全地方税体系"，把构建中央和地方财政关系摆在首位，这不仅是一个摆布顺序的问题，实际上也反映出财税体制改革应有的逻辑和路径顺序。

财税体制改革是一个整体，既不能将预算、税制和政府间财政关系改革作为自足性的改革独立进行，又不能将预算、税制和政府间财政关系改革当成既定的顺序来依次进行。财税体制改革的整体观是指以财政体制为主体，以预算改革、税制改革为两翼的布局和结构来推动整个财税体制改革，提升系统化、协同性的水平，达到"一体两翼"、协调统一的效果。以政府间财政关系改革为主体，特别需要进行中央与地方的事权、财权划分的改革，财力配置的改革，事权与支出责任相适应的改革，以此理顺各级政府的职责。在现代财税体制改革中，中央与地方的财政关系越来越成为主要的矛盾和问题，具有统领全局、提纲挈领的作用，应作为主体、排在首位。

在进行中央和地方的财政事权与支出责任的划分时，要建立基本的原则、规则和标准，从而将事权进行有序的厘定，并通过法律和行政法规的形式予以确立和稳定，在预算安排和税收制度改革中匹配相应的财力和财权，进而在支出安排上，根据事权情况和财力配置情况，予以调整和转移支付，履行支出责任。总体上，这属于一个一般平衡，政府履行事权是首要的、第一位的，而现有的财权划分、财力配置是基础性的，在此基础上，形成支出责任和转移支付的有序平衡，达到事权与支出责任相适应的目标要求。

现在一谈财政的突破矛盾，就谈地方政府的"缺钱"问题。但这绝不能仅从地方政府收入的角度来进行判断，而应该从事权分配的情况切入，并结合税收制度改革形成的财权设计和财力汲取的情况综合考虑。如果只从支出的角度来看，地方财政的支出规模占全国财政支出的比重达到85％，近年来，基本上每年提高约 1 个百分点。如果按照实际支出结构进行分权，地方财力将占有 85％的部分，而中央仅占有 15％的部分，这将使我们 1994 年以来的分税制改革目标落空，改革成果也将毁于一旦。中央的宏观调控能力和资源配置能力也将明显下降，导致我国中央政府的权威和控制力显著下滑，影响财政经济运行的稳定。

要解决上述问题，应该让更高层级的政府来承担更多的支出责任，并实际履行更多的事权，并直接承担支出责任。要让中央政府实际履行更多的事权，一定要采取法治化、实体化的方式。从政治伦理和政府组织上看，我国是单一制的社会主义国家，必须强化中央领导，坚持统一调控，根据事权特征和性质，适度加强中央事权。

按照事权性质，涉及国家主权事务、统一大市场、区域经济协调发展、要素流动和自由配置等领域的公共服务事务，应由中央完整集中、独立履行。这既是社会主义市场经济的需要，也是提升国家治理现代化水平的要求。要着力加强国家统一治理，确保依法治国、政令协调、市场统一，提升国民经济的运行效率，提升和强化中央权威。为避免在事权履行过程中受到"中央发令、地方执行"等原因导致的权责不清、规则不明、推诿扯皮、效率低下等问题，要通过明确由中央履行，并形成履行实体等方式，改组或设立专门的机构和人员，或者是拓展现有队伍的工作职能，负责相关事务的推进和执行。具体来讲，我们要在国防、外交、国家安全、职工社会保险、海域和海洋使用管理、食品药品安全、生态环境安全、跨区域司法管理等领域，在进一步规范和提升中央决策权的同时，要重点强化中央的执法权，合理配置机构和人员，增强执法的规范性、一致性和公平性，提高司法效果和行政效能。这种调整模式和方法，一方面进一步强化了中央事权，另一方面可以明显压缩中央和地方共同事权以及委托事权，避免执行过程中的异化和分歧，并为进一步清晰划分中央和地方事权创造条件。

在清晰划分中央和地方政府事权的基础上，要着力推进省以下的事权调整，总体上也应遵循法治化、实体化的原则，同时深化行政执法体制改革。总体上应坚持决策、执行适度分离的原则，并创造更好的综合执法、统一执法的有效环境，具体要按照减少层次、整合队伍、提高效率的原则，实施综合执法，优化执法力量配属。

通过上述努力，力争推动从事权和财权的分权制向事权和支出责任相适应的分权制转变，逐步推进并形成"原则上谁的事权就由谁的队伍（含派出机构）执行"的法治化、实体化权力分配和执行模式，从而健全决策和执行相统一、权利和责任相一致、事权和支出责任相适应的制度体系和执行机制。

我国目前事权调整的要求和特点就体现出上述原则。具体表现为：部分决策权下移，部分执行权上移。即适合交给地方决策的事情，更多地将决策权下放给地方；通过上收部分事务的执行权，增加中央政府直接的实体责任和支出责任，以此明确中央直接履行管理职责的基本要求，提高中央政府的支出比重，形成中央与地方条块交叉、形成合力的有利环境，减轻地方政府的支出负担。这样，政府间事权划分和财力、支出责任相适应就处于财税体制改革的核心地位，并以此为抓手和主体，反推预算和税制改革，同时也为现代预算制度和现代税收制度改革明确了目标和方向。

三、财税体制改革的新思路：形塑国家治理结构

党的十九届四中全会提出，要"构建系统完备、科学规范、运行有效的制度体系"，并着力加强"系统治理、依法治理、综合治理、源头治理，把我国制度优势更好转化为国家治理效能"。财政要服务于现代国家治理，做好国家治理的基础与重要支柱，是新时代财政的核心职能与使命。国家治理离不开财政的支撑作用，财政制度也在制度优势转化为国家治理效能中发挥着基础性作用。我国财税体制改革的基本目标是建立现代财政制度，这一目标是全面深化改革的总目标的有机组成部分，也即"完善和发展中国特色社会主义制度，推进国家治理体系和治理能力现代化"的重要目标构成，是以财政制度优化的完善助推国家治理体系的完善、国家治理能力的提升。

（一）财税体制改革非被动适应而是形塑国家治理结构

国家治理结构是国家治理体系之中各个系统的组织方式，主要包括中央与地方政府、政府与市场、政府与社会、市场与社会四个主要的基本关系，如图5-1所示。在这四个主要的基本关系中，中央与地方政府关系是基础，没有中央与地方政府关系的明确，政府间关系就难以理顺，政府与市场、政府与社会关系的理顺更无从谈起。因此，财税体制改革不是被动地适应国家治理结构，不是在稳定的国家治理结构下建构与既有框架相适应的制度体系，而是以自身的改革形塑国家治理结构。通过推进财税体制

改革,形成稳定、清晰、有效的中央与地方财政关系,这就为理顺政府间关系打下了基础;政府间关系明晰了,政府在国家治理中的角色与地位就确定了,政府行为之外的事务就可以交给市场与社会,再基于市场经济与社会治理的规律进一步明确市场与社会的关系,就大致能够形成国家治理的结构框架。

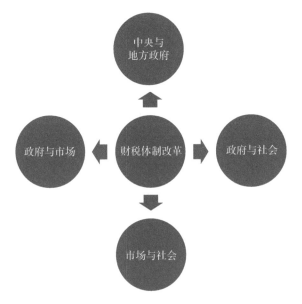

图 5-1　财税体制改革形塑国家治理结构中的四大关系

　　关于中央与地方政府的关系,党的十九届四中全会提出,要"加强中央宏观事务管理,维护国家法制统一、政令统一、市场统一",将宏观事务明确纳入中央事权的范围;要"适当加强中央在知识产权保护、养老保险、跨区域生态环境保护等方面事权",对共享事权中的中央职责要相应加强,以"减少并规范中央和地方共同事权";要"赋予地方更多自主权,支持地方创造性开展工作",从而使地方在承担事责的同时,还要拥有合理的权利;要"按照权责一致原则,规范垂直管理体制和地方分级管理体制",以促进协同有序、合理配置、提高效率;要"优化政府间事权和财权划分，建立权责清晰、财力协调、区域均衡的中央和地方财政关系，形成稳定的各级政府事权、支出责任和财力相适应的制度"，既要考虑权责的一致性，又要考虑履职的效率性，还要兼顾结果的公平性；要"构建从中央到地方权责清晰、运行顺畅、充满活力的工作体系"，尊重历史沿革和文化特质，适度维护地方合法合规的既得利益，有效调动地方主动履职的积极性。

关于政府与市场的关系，党的十八届三中全会提出，要坚持"使市场在资源配置中起决定性作用和更好发挥政府作用"，市场的决定性作用是主导性、基础性的，政府作用要在市场作用的基础上发挥和提升；要坚持"市场决定资源配置是市场经济的一般规律，健全社会主义市场经济体制必须遵循这条规律，着力解决市场体系不完善、政府干预过多和监管不到位问题"，明确提出政府与市场不是对立的，而是有机统一的，政府手段的首要职责不是取代市场，而是进一步完善市场；要坚持"积极稳妥从广度和深度上推进市场化改革，大幅度减少政府对资源的直接配置，推动资源配置依据市场规则、市场价格、市场竞争实现效益最大化和效率最优化"，利用"看不见的手"，发挥市场机制的主动性和效率，维护经济的基本均衡；要坚持"政府的职责和作用主要是保持宏观经济稳定，加强和优化公共服务，保障公平竞争，加强市场监管，维护市场秩序，推动可持续发展，促进共同富裕，弥补市场失灵"，政府在做好支持和发展市场机制的同时，还要发挥自己的长处，弥补市场短板。

关于政府与社会的关系，党的十九届四中全会提出，要"加强和创新社会治理，完善党委领导、政府负责、民主协商、社会协同、公众参与、法治保障、科技支撑的社会治理体系，建设人人有责、人人尽责、人人享有的社会治理共同体"，治理共同体中要形成分工明确、责任共担、利益共享、规则共遵、行动高效的有机群体，以"确保人民安居乐业、社会安定有序，建设更高水平的平安中国"。这些改革表述，就是我国国家治理结构的改革方向。

在中央与地方政府关系的改革中，财政体制改革居于基础地位；在政府与市场关系的理顺中，财税体制改革是重要组成部分；在政府与社会关系的优化中，财政发挥着重要的保障作用。而市场与社会关系虽然基于自身发展规律开展，但财政的保障、弥补作用也不可或缺。

（二）财税体制改革推动国家治理方式完善

国家治理方式是指政府以什么样的模式和方法使用公共权力对公共资源进行配置及对公共事务进行管理。党的十九届四中全会提出了一系列现代国家的治理方式，主要包括系统治理、依法治理、综合治理、源头治理等方式，并形成系统化、协同化的有效运用，如图 5-2 所示。系统治理的提出，旨在克服传统国家治理中分散治理、碎片化治理的弊端；依法治理则对应用传统社会的人治与德治，克服缺少法治对公民权力的侵犯（包括

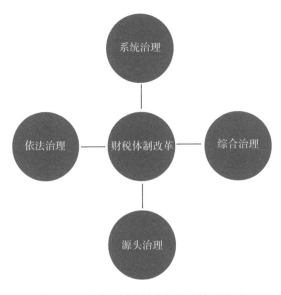

图 5-2　财税体制改革完善国家治理方式

价值观上的"侵犯");综合治理,是要增强政府各部门在公共事务管理中的政出多门、缺乏协同的问题;源头治理,则是在现代经济社会发展面临诸多重大挑战的情况下,基于不确定性与风险思维,重视防范与预警而不是事后处置。

上述四种治理方式虽然很大程度上概括了现代国家治理条件下的有效治理方式,事实上,先进、有效的治理方式远不止这些,但无论哪一种治理方式,都离不开财政的支撑作用,也有赖于财政资源的安排。分散治理与碎片化治理,主要在于公共部门的职能与职责未有效厘清,导致公共政策之间难以衔接与匹配,而要把各领域的公共政策统筹起来,"钱"是一个很好的线索,干事就要花钱,把钱用好就能把事统起来;要实行依法治理,就要有法可依、有法必依、执法必严,而财政法定的"体现民意"与"约束公权"原则,既是依法治理在财政领域的具体体现,也能够以自身的法治化推动整个公共领域乃至整个社会的法治化;综合治理与系统治理一样,也是强调公共事务管理中的统筹与协调,以财政资金作为线条,统筹与协调各部门的职责,是综合治理落实的基础;源头治理强调对重大公共风险的防范与预警,更离不开财政的保障作用,只有财政政策融入了不确定性与风险思维,才能更加有效地引导其他公共政策提高重大公共风险防范与化解的作用。

(三)财税体制改革助推国家治理效能提升

国家治理效能是执政者在特定的治理体系之下,面对特定的风险挑战,运用特定的治理方式开展国家治理活动所产生的有效作用,主要体现为国家治理目标的实现程度,如图5-3所示。由于财政在防范化解公共风险中的基础性作用,以及其在助推国家治理体系优化、国家治理方式完善方面的作用,通过公共资源的匹配,能够更加有效地促进国家治理目标的实

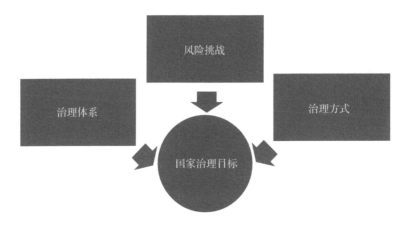

图 5-3　国家治理目标

现，即助推国家治理效能的提升。

　　国家治理效能还来源于国家治理制度优势的转化，而这种转化也离不开财政发挥作用。例如，我国国家制度优势之一是大局意识，形成"坚持全国一盘棋"的总体有利局面，从而调动各方面积极性，集中力量办大事，集力包括人力、物力与财力，而财力是基础，人力与物力的发挥也离不开财力。

第六章　基于国家治理的财税体制改革建议

国家治理体系和治理能力现代化是我国经济社会发展到特定阶段，实现国家长治久安和民族复兴的必然要求。财政作为国家治理的基础与重要支柱，财税体制的现代化是国家治理现代化的先决条件。国家治理视角下的财税体制改革应有新的路径，特别是要整体、协同地推进以中央和地方财政关系为"体"和以预算制度、税收制度为"两翼"的财税体制改革，避免改革陷入"碎片化"；先进的制度需要先进的管理手段、工具与技术支撑，财税体制改革须重视基础设施建设，避免陷入"小马拉大车"、先进制度难操作的境地。

一、在中央—地方两级治理框架下推进财税体制改革

财政是国家治理的基础与重要支柱，财税体制改革应与国家治理架构相适应。我国虽有五级政府，但从治理架构上看，是两个层次：中央和地方。财税体制改革不能基于五级政府的管理体系，而应基于两级政府治理体系来推进。

（一）基于两级治理调动"两个积极性"

党的十九届四中全会提出，要健全充分发挥中央和地方两个积极性的

体制机制。党的十八届四中全会强调，要强化中央政府宏观管理、制度设定职责和必要的执行权，强化省级政府统筹推进区域内基本公共服务均等化职责，强化市县政府执行职责。从我国政府改革的思路来看，决策权主要在中央和省级层面，市县级政府主要是执行，由于省级政府具有辖区内一定的决策权，省级是一级治理主体，而市县只是执行主体，不是一级治理主体。

我国的两级分权架构实际上已经日益清晰，除了立法、税收征管早已实行国家、地方两级之外，司法制度改革也即将是两级体制。监管制度也开始趋向两级架构，并体现在新一轮改革的思路之中。按照两级分权思路，财政改革应在两个层面展开：国家财政和地方财政。前者的一个重要内容是中央与地方财政关系，后者的一个核心问题是地方内部省市县乡之间的财政关系。对于中央与地方财政间的关系，其处理应遵循统一规则，在当前依然要坚持和完善分税制，中央的税基全国统一；而对于地方财政体制则可以有地方特色，可因地制宜而不必"一刀切"。地方财政改革应充分考虑人口、面积、发展水平、社会条件和自然生态状况，创造性推动地方治理能力的现代化与地方财政改革。在中央统一领导下，让地方有充分的自主权和责任约束，这是调动地方积极性，让国家充满活力的前提，也是保障国家稳定统一的条件。

（二）地方是与中央相对应的治理主体

大国治理需要处理好集权与分权的关系，过度集权容易造成管理成本高昂和管理效率损失，过度分权则容易造成区域差距过大，中央对地方管控力弱化。对于像我国这样的大国来说，国家治理现代化的目标追求更需要处理好集权与分权的度。作为单一制国家，显然不能过度分权；但中央政府管得太宽、太深也不是好的选择。"横到边"式的管理会弱化市场与社会，与"治理"的"多中心"理念不符；"纵到底"的管理既会降低地方政府的积极性，也会由于中央政府与地方间的信息不对称导致中央政策难以落地。

把两级治理结构作为财税体制改革的基础，需要进一步完善和强化两级治理结构，夯实这一基础。强化两级治理结构首先要界定中央政府的权责，关键在于把省以下各级政府当作一个整体来看待。界定中央权责相对容易，强化地方治理需要有新的思路。党的十九大提出，要赋予省级及以下政府更多自主权，意味着向地方放权是强化两级治理结构的重要方向，但如何在地方治理中实现主体功能区战略和基本公共服务均等化的目标，仍需要在制度上进行更加合理的设计。党的十九届四中全会提出，要健全充分发挥中央和地方两个积极性的体制机制，理顺中央和地方权责关系，加强中央宏观事务管理，赋予地方更多自主权，也是从中央—地方两级治理结构提出的。

（三）两级治理框架下的财税体制改革

两级治理框架下，地方是一个整体，省级、地市级、区县级、乡镇级之间的权限划分在不同地方可以不同，属于地方内部的事务性分权。因此，财税体制改革要分两个层次来进行：一是国家层面的财税体制要与国家治理架构相适应，二是地方层面的财税体制要与地方治理架构相匹配。

1.明确中央与地方财政关系是财税体制改革的核心与基础

两级治理架构下，地方政府是一体的，不再分层级对待，各级政府之间的关系是内部事务关系。因此，理顺政府间关系，首要的是央地间关系。只要中央与地方政府间关系明确了，地方政府间关系便可在国家治理的大框架下因地制宜地进行，可以参照中央与地方关系确定，也可以根据实际情况创造性地明确各级地方权责。自确定社会主义市场经济体制的改革方向以来，理顺政府与市场、政府与社会之间的关系一直是改革的重点，但现阶段，三者之间的关系仍不够明晰。主要原因就在于，单纯就三者之间的关系论改革，我们忽视了三者之间关系的一个充分必要条件——政府间关系。政府间关系理不清，如何理清政府与市场、政府与社会之间的关系呢？特别是在公共资源领域，由于中央与地方间的权责不明晰，各级政府在管理和使用公共资源方面存在不规范性，导致部分公共资源（如土地、矿产资源）的市场化配置也出现了扭曲。

2. 理顺央地财政关系的基本路径

改革是一个有机系统，没有前续改革，后续改革便难以推进。就央地间财政关系来说，收入划分的基础是支出责任的划分，支出责任划分的前提是财政事权的划分，财政事权的划分要与政府事权相匹配，在公有制占主体的基本经济制度下，政府事权的划分还要考虑政府间的产权关系。以生态环境保护为例，土地和自然资源是国有的，如果不理清土地和自然资源在中央与地方政府间的财产权利，行政管理权限就难以明确；行政权不明确，财政事权也难以确定；财政事权不易确定，支出责任就无法划分；支出责任划分不清，收入归属便无法确认。因此，应按照"产权—事权—财政事权—支出责任—财政收入"的改革路径，逐步完善中央与地方间财政关系。

如果我们遵循"产权—事权—财政事权—支出责任—财政收入"的路径理顺央地间财政关系，预算制度和税收制度改革及其他方面的财政改革便容易推进。相反，如果央地间财政关系不理顺，预算制度改革必然是片面的，税收制度改革也必然是局部的，均无法整体推进。因此，新时代的财税体制改革应抓住央地财政关系这一关键与核心，以财政体制改革为其他领域的改革创造更加有利的条件。

3. 省以下财政体制改革应因地制宜

国家层面的财政体制改革，即中央与地方之间的财政关系改革仍要坚持分税制，这一点不能动摇，其基本框架依然适用于中央与地方之间行政分权的要求，符合激励相容原则，有利于调动地方的积极性。地方层面的财政体制改革，则不一定要照搬国家层面的分税制，可因地制宜。因为地方内部不具有同质性，如行政体制上有省、自治区、直辖市、特别行政区等不同存在形式，以及在人口规模、区域面积、经济发展水平及发展条件等方面更是差距甚大，分税制无法从国家层面贯穿到地方内部的各级政府之间。因此，地方财政体制可以有地方特色，因地制宜而不必"一刀切"。地方财政改革应充分考虑人口、面积、发展水平、社会条件和自然生态状况，创造性推动地方治理能力的现代化与地方财政改革。在中央统一领导下，让地方有充分的自主权和责任约束，这是调动地方积极性、让国家充满活力的前提，也是保障国家稳定统一、活而不乱的条件。

二、按照"一体两翼"框架协同推进财税体制改革

深化财税体制改革是全面深化改革的突破口，是关系国家治理体系和治理能力现代化的深刻变革，是立足全局、着眼长远的制度创新。这一制度创新既要有先进的观念，又要与国家治理的基本架构相契合，更要有具体的政策措施。党的十九大报告提出："加快建立现代财政制度，建立权责清晰、财力协调、区域均衡的中央和地方财政关系。建立全面规范透明、标准科学、约束有力的预算制度，全面实施绩效管理。深化税收制度改革，健全地方税体系。"这是我国未来财税体制改革的根本遵循。其中，中央和地方财政关系是现代财政制度之基，是财税体制改革之"体"，预算制度和税收制度改革是财税体制改革之"翼"，三者相辅相成、不可

分割。

（一）从事权、财权、财力入手构建财税体制改革的协同机制

1.事权、财权、财力的内涵及其关系

财政事权是一级政府应承担的运用财政资金提供基本公共服务的任务和职责，支出责任是政府履行财政事权的支出义务和保障。2016 年 8 月通过的《关于推进中央与地方财政事权和支出责任划分改革的指导意见》（国发〔2016〕49 号）明确，合理划分中央与地方财政事权和支出责任是政府有效提供基本公共服务的前提和保障，是建立现代财政制度的重要内容，是推进国家治理体系和治理能力现代化的客观需要。

（1）事权与财政事权。《汉语辞海》中，事权是指军事指挥上的种种妥善处置，或职权与权力。1993 年，《中共中央关于建立社会主义市场经济体制若干问题的决定》提出："近期改革的重点，一是把现行地方财政包干制改为在合理划分中央与地方事权基础上的分税制，建立中央税收和地方税收体系"；"社会公益性项目建设，要广泛吸收社会各界资金，根据中央和地方事权划分，由政府通过财政统筹安排"。1986 年，我国学术界出现了最早研究"财政事权"的论文，将财政事权理解为国家财政的事权范围，侧重于划清政府与市场的边界。[①] 所谓事权，就是事情由谁来做，或者说做事情的权力。基于此，从履行主体来讲，履行事权的主体只能有一个，不存在共同事权。

所谓财政事权，就是财政要做的事情由谁来做，最核心的是经费保障由谁来承担。基于此，"中央决策、地方执行"的含义就是中央来决定哪些经费保障需要由中央财政来承担，哪些经费保障需要地方财政来承担。

---

① 刘戎：《对国家财政事权范围的看法》，《财经问题研究》1986 年第 1 期。

财政事权理解存在三个误区：第一，将"财政事权"理解为"财政部门要干的活"，这种理解仅包括编制预算、管理债务、管理国有资产、搞政府采购、拨付财政资金等，更多是职权、职能；第二，如果把"财政事权"理解为"财政资金的运转"，那么财政部门的资金到了部门以后，同样有编制部门预算的事权，也要花钱、采购，也要搞基本建设等，自己也有财务活动，因而这种定义实际上演变成各个部门都有的财务事权；第三，将"财政事权"理解为"花钱的事权，不花钱的事权不算财政事权"，这种理解的问题在于任何一项事权的履行都需要花钱，比如立法权，同样也需要雇用公务员来起草，也是需要花钱的，政府的事权在履行中没有不花钱的，用是不是花钱来界定也说不通。

（2）财政事权、财权、财力与支出责任的关系。财政事权的履行主体与支出责任相适应（花钱原则）：谁履行，谁花钱；财权与财政事权相适应（收钱原则）：钱归中央，但基于财政事权，谁花钱，谁分钱；财力与财政事权相匹配（出钱原则）：谁是隶属主体，谁出钱；谁有缺口，转移支付给谁。

四者关系的逻辑脉络为：财政事权的划分就是划分清楚需要中央财政保障的有哪些，履行主体是中央还是地方，需要地方财政保障的有哪些，履行主体是地方；按照花钱原则，财政事权的履行主体必须与支出责任相适应，谁履行，谁花钱；按照收钱原则，财权必须与财政事权相适应，钱归中央，但基于财政事权，谁花钱，谁分钱；按照出钱原则，财力必须与财政事权相匹配，财政事权的隶属主体是谁，谁就应当出钱，履行主体在履行财政事权时出现的缺口，应通过转移支付来实现均衡。

2. 从明晰中央财政事权入手确定央地财政事权划分

党的十九届四中全会提出，要优化政府间事权和财权划分，构建从中央到地方权责清晰、运行顺畅、充满活力的工作体系，这是现代国家治理对中央与地方财政关系的根本要求。1994年实施的分税制改革和后续相关改革，初步搭建起适应社会主义市场经济体制要求的财政体制。深化财政体制改革目标是以建立现代财政制度为依托，充分发挥财政支撑国家治理的功能，为实现国家治理体系和治理能力现代化的总体改革目标创造基本条件。为此，现阶段必须以问题导向统筹推进财政事权、支出责任、收入划分和转移支付四个核心环节的有序改革来建立有中国特色社会主义财政体制。财政事权划分是整体改革的起点，支出责任划分是改革的基础，收入划分是实现改革目标的手段，转移支付改革是整体改革落地实施的保障。总之，政府间财政关系改革是一项复杂的系统工程，不同环节的改革需要互动、连贯。

财政事权划分不清晰的问题不仅存在于中央与地方之间，还存在于地方各级政府之间，但根源在中央事权不明晰，因而，解决问题的切入点也在中央层面。明晰中央事权需要从一级预算单位逐级重新梳理工作职责范围，把分解到各单位的"事权"做实、做准，并结合行政体制改革、编制制度改革最终实现事权划分法制化。财政事权划分只有横向扩到边，纵向才能插到底，才能确保财政事权划分过程中不漏项、不减项。

一是分部门分领域清单式逐项梳理财政事权。事权划分涉及政府治理方方面面，应按照建立现代财政制度的要求，分部门、分领域逐项梳理清楚事权，实现横向到边，纵向到底，列出分部门、分领域的事权划分清单。

二是根据受益范围合理划分财政事权。应按事权构成要素、实施环节，分解细化各级政府承担的职责，根据基本公共服务的受益范围、影响程度，科学、合理、规范划分中央与地方政府事权，明确哪些事权执行应该上移，哪些决策权应该下移。

三是分步骤实施财政事权划分。政府间事权划分不仅涉及行政权划分，还涉及立法、司法等广义公共服务部门，可以考虑以下三个口径和层次，依难易程度逐步实施。首先是党政军全口径事权，这是大口径事权；其次是行政事业事权口径，这是中口径的事权；最后是行政事权口径，这是小口径事权，涉及面较小，实施起来相对容易。

3. 依据财政事权范围明确政府间支出责任

中央财政事权应由中央承担相应的支出责任。对中央与地方共同财政事权要区分情况划分支出责任。体现国民待遇和公民权利、涉及全国统一市场和要素自由流动的事权，研究制定全国统一标准，并由中央与地方按比例或以中央为主承担支出责任。对受益范围较广、信息相对复杂的事权，在科学评估事权外溢程度的基础上，由中央和地方按比例或中央给予适当补助方式承担支出责任。对中央和地方有各自机构承担相应职责的事权，中央和地方各自承担相应支出责任。对中央承担监督管理、出台规划、制定标准等职责，地方承担具体执行等职责的事权，中央与地方各自承担相应支出责任。省级政府应根据省以下财政事权划分、财政体制及基层政府财力状况，合理确定省以下各级政府的支出责任，避免将过多支出责任交给基层政府承担。

4. 根据财政事权与支出责任，相应调整中央与地方政府间收入

一是科学设定中央、地方收入比的目标值。现阶段一般公共预算中中央收入占比为45%，而中央本级支出占比只有15%左右，明显低于西方发达国家，也低于发展中大国的中央政府本级支出占比。与此相对应，我国环境监测与保护、战略性资源使用与监管等应由中央承担支出责任的财政事权没有完全上划中央，一些具有统筹、均等特征的中央与地方共同事权也呈逐级下沉趋势，这明显阻碍了中央政府宏观管理职能的有效发挥。建议上移部分事权的执行权，设定中央本级支出占比40%作为改革目标值。在本轮财政事权与支出责任划分改革过程中，应该把已经明确具有基

础性、战略性、全国性等基本公共服务的支出责任尽快上划中央政府，把义务教育、基本养老保险、基本医疗和公共卫生、公共文化等中央与地方共同承担事权的支出责任重心适度上移，增加中央支出责任的同时，适当调整省以下事权和支出责任划分格局，扭转县级财力与支出责任不匹配状况。

二是构建地方税收体系。地方税收体系的构建是财力、财权、事权划分格局的综合反映，应在财政事权和支出责任清晰的基础上，结合税制改革的结果，考虑税种属性，在保持现有中央和地方财力格局总体稳定的前提下，科学划分中央税、共享税和地方税，理顺中央与地方的收入划分，充分调动中央与地方的积极性。建立地方税收体系应把地方作为一个治理主体对待，而不仅仅是当作一个受托机构对待。为此，可考虑适当下放税权，允许地方适度开征一些符合地方税源特点的税收。如将旅游消费、动产消费、不动产消费、服务消费、文化消费、健康消费等纳入消费税的税目。结合资源税等地方税种的改革，适当赋予地方政府税政管理权限，如税率在一定区间内的调整权等。

三是合理划分政府性基金、国有产权收益等其他收入。现阶段一般公共预算收入中央与地方之比为4∶6，把政府性基金和国有资源收入加进来，则中央与地方政府实际收入比为3∶7。今后调整收入划分时，应将政府性基金、国有资源收入等纳入进来通盘考虑。

5. 完善转移支付制度

在事权划分清晰，支出责任层次上移，收入划分逐步完善的基础上，调整转移支付的规模与结构，建立中国特色的转移支付。

一是减小转移支付的总体规模。目前中央本级支出仅占15%左右，中央支出的72%都是对地方的转移支付。转移支付的目标值要与财政体制框架相适应。转移支付的目标值规模需要考虑中央与地方之间收入与支

出的目标值，如果中央收入实际占比为 55％，而中央收入占比的目标值
应为 40％，那么，全国总收入中应有 15％ 用于转移支付。

二是优化转移支付的结构。应增加一般性转移支付，减少专项转移支
付。可考虑将涉及基本公共服务的专项转移支付纳入均衡性转移支付。目
前涉企专项达 3000 多亿元，涉企专项资金不利于市场公平竞争，应逐步
减少和取消。

三是清理规范中央对地方转移支付。目前中央与地方收入分别是
45％和55％的分配比例，支出分别是 15％和85％的结构比例，中央对地
方转移支付占 30％左右。无论是从规模上还是从结构上，现行的中央对
地方转移支付制度与财政事权和支出责任划分改革要求还有很多不相适应
之处，需要逐步调整和完善。从规模上看，如果增强中央调控能力，应把
中央收入占比提到 55％，按照 40％中央本级支出的改革目标，转移支付
规模占比可以控制在 15％左右，较当前缩减一半。

（二）规范和减少共同事权

1. 规范和减少共同事权是完善财政体制的关键所在

只要不是仅有一级政府的国家，就存在财政分权问题，需要把国家财
政权在不同级次政府之间进行适当划分。至于是中央多一些，还是地方多
一些，这是财政分权中一个"度"的问题，不同国家不同时期均有不同。
财政分权是存在于多级政府情形下的一种制度安排，在这种制度安排下，
世界上大多数国家都存在财政如何分权的问题，财政集权是另一种制度安
排。我国在计划经济体制时期，就不存在财政分权，但根据情况也放权，
不过不构成一种稳定的制度安排，因为放权、收权都具有随意性。我国从
计划经济走向市场经济，财政体制随之转轨，从财政集权走向了财政分权
这种新体制。

从对各国财政分权实践的考察来看，世界上没有普适的财政分权理论，财政分权受一国的国家结构、政治体制、经济社会发展水平等因素影响。财政分权在各国有不同的内涵，也有不同的架构，都是基于各国国情来定。各国的国家结构、政治体制、经济社会发展水平不同，财政分权的内涵、路径与实践中的做法也有所不同。在联邦制国家，联邦与州的政治地位平等，不具有上下级的隶属关系，其财政分权是政治分权的延续，各自拥有独立的财政立法权。而在单一制国家，中央与地方间是上下级关系，其财政分权不具有政治属性，地方的财政立法权来自国家法律授权。中央政府不仅在事权划分方面具有决定权，在共担事权中也主要履行决策职能。

我国事权划分体现了我国单一制的国家结构，但在央地关系的处理方面与其他单一制国家存在很大不同。可以说，我国的事权划分既不同于联邦制国家，也不同于一般意义上的单一制国家，更多地体现了党统一领导下的事权结构特征。单一制的国家结构与现阶段的经济社会发展水平，决定了我国不可能像联邦制国家那样，平行划分事权，也很难像其他单一制国家那样，以地方自治方式划分事权，而是在明确中央与地方独立事权的基础上，对中央地方共同事权细化、规范化和标准化。

财政事权和支出责任在央地之间如何划分，以及是中央多一些，还是地方多一些，取决于现阶段经济社会发展和国家治理的需要。从我国现有中央与地方财政事权结构来看，地方履行的财政事权偏多，地方财政支出占全国财政支出的比重偏高。这加大了地方财政支出压力，弱化了中央财政综合统筹与平衡能力。在此次改革中，针对共同事权状况适度加强中央事权与支出责任，是对财政分权体制的完善。规范共同事权和支出责任的划分是完善财政分权体制的关键所在。

2. 逐步规范和减少共同事权

长期以来，理论和实务部门对财政分权理论更多地受财政联邦主义的影响。从流行的财政分权理论来看，一级政府一级事权，根据外部性、信息处理复杂性及激励相容原则，该是哪级政府的事权，决策、执行、监督权限就应都归那级政府。不同层级政府间事权划分应更多地体现为各层级政府的单独事权，而非共同事权。认为共同事权你中有我，我中有你，易导致中央与地方政府之间责任不清。这种看法只是基于制度主义的分权逻辑，并不涵盖其他的分权逻辑。共同事权的存在，在我国有其理论逻辑和历史合理性，其实是另一种财政分权逻辑——基于行为主义的分工合作，突破了制度主义的"界域"思维。央地之间的事权划分是否清晰，不决定于划分方式，而取决于事权法定的程度。

新形势下，现行的中央与地方财政事权和支出责任划分还不同程度存在不清晰、不合理、不规范等问题，特别是随着我国新型工业化、城镇化的深入推进，农业转移人口市民化进程加快，基本公共服务需求扩大，原有的提供方式难以适应。地方履行公共服务事权偏多，地方支出责任偏重，地方财政压力偏大。这种"一头沉"的事权划分格局超出了地方政府，尤其是基层政府的履职能力，也超出了地方财政能力，造成地方对转移支付的依赖症和财政效率损失。因此，适当减少地方事权，尤其是共同事权，也是我国财政体制改革下一步的重要内容。不过，"减少"是有条件的、动态的，无法一步到位。

从当前来看，基于机构的事权划分边界相对清晰，因而其支出责任划分相对容易。与之相比，当前中央、地方基于职能和活动的事权划分缺乏明确的规则，比较模糊，因此而形成的共同事权缺乏清晰的行为分工，与之相应的共担性支出责任划分成为当前改革中的难点问题。改革要问题导向，深化事权与支出责任划分改革，从共同财政事权划分以及相应的支出责任划分入手，是一个正确的选择。

3. 促进财政事权规范化、法制化

党的十九大把"坚持全面依法治国"作为新时代坚持和发展中国特色社会主义的基本方略之一。党的十八届四中全会提出，要"推进各级政府事权规范化、法律化，完善不同层级政府特别是中央和地方政府事权法律制度"。实现中央与地方财政事权法制化，是建设社会主义法治国家的重要组成部分。但财政事权法制化不可能一蹴而就，只能在改革实践中循序推进。法制很大程度上是制度创新与变革的结果，是改革与探索的结晶。不是先有法制再有实践，而是先有实践再有法制。应先把主要基本公共服务确定为中央与地方共同财政事权，并分类分档明确支出责任与分担方式，在部分基本公共服务领域实现中央与地方财政关系的规范化。遵循这一改革思路，再持续推进其他领域的财政事权与支出责任划分改革，并在改革中积累经验，把实践证明有效的制度上升为法律，是推进实现中央与地方财政关系法制化的可行路径。

（三）建立辖区财政责任制

由于政治制度、治理架构、问责机制、社会条件等方面与西方国家存在诸多差异，我国在引进分税制的同时无法引进与之兼容的运行环境，适合中国国情的配套机制又未随之建立，因此，我国的分税制财政体制日趋走向过度"层级"化。层级财政体制是指过度重视本级而轻视辖区责任的财政体制。这是由于过度层级化造成的，分税变成"分家"，各个层级政府在财政上只注重本级财政，而对其辖区内各级财政的状况基本上视为"分外"之事。分级吃饭，各吃各的饭，是财政联邦主义体制的典型特征，但与我国的治理架构和社会条件不吻合，在没有配套构建相应的财政问责机制的情况下，导致财政分权演变成"分家"，地方财政不能有效履行对辖区的财政责任，这使现行财政体制趋于过度"层级"化、平面化，其缺

陷日渐凸显。

1.辖区财政责任制的内涵

辖区财政体制是指在政府间财政关系中，各层级政府不仅对本级财政负责，而且对辖区内的各级财政状况负责的一种体制安排。通过构建中国特色财政责任与问责机制，使现行分税制财政体制逐渐克服因分级吃饭而过度注重本级财政，轻视辖区财政责任的倾向，实现各级政府的财政权力与财政责任对称。辖区财政体制具有三个基本特征：一是以辖区的整体财政利益为中心。这意味着本级财政利益和辖区内各级财政利益形成一个整体，既分级吃饭，而又不是"分家""各顾各"，本级对下级财力与事权是否匹配负有最终责任。二是以辖区财政预算整体平衡为目标。既有各个层级财政预算的平衡，又有辖区作为一个整体的财政预算平衡。只有这样，才能真正实现各级政府的财力与事权相匹配，避免辖区内纵向的和横向的财政能力失衡。三是以辖区整体的财源开发为依托。辖区内各级政府的财源、税源应以辖区内经济的整体发展为依托，而不是强调各级政府的本级财源和本级税源。只有形成整体的有差异的均衡发展，辖区内各级政府的财权才能获取充足的财力。而层级化的财源结构往往会使一个地区的经济结构扭曲，辖区内的发展差距拉大。通过每一级政府的辖区财政责任，可以形成一个内在的责任链条，使各级政府之间的分工自动地连成一个协作的整体，避免财政分级变为"分家"所导致的不良后果。

2.基于两级治理框架构建辖区财政责任制

构建辖区财政体制，一方面，要在现有成功经验的基础上，合理界定政府事权和财权，进一步理顺中央与地方财政关系的基本架构；另一方面，以创新性思维跳出全国上下同构的彻底分税制的思路，依据主体功能区要求，在省以下实行地方分类的因地制宜的财政体制。

第一，基于决策与监督职能划分中央与地方政府间财政事权。第一层次的事权划分，应当全国基本统一，主要针对决策和监督。涉及方向性、全局性和长远性的决策，应当划归中央，其他的决策可以划归地方。当前面临的问题是中央决策的范围过宽、过于微观，应当通过简政放权改革来下移。监督和决策是连在一起的，对决策落实情况的监督主要是在中央。同时，适当上移部分执行权，由中央执行。其标准是涉及跨省区的执行权应当划归为中央来履行，减少不必要的委托代理。这意味着相应的支出责任也一并上移，这也可减少财力下移过程中的漏损。当前85%的全国财政支出在地方，说明委托代理过多，分税制改革把一些不适宜于地方履行的执行权也下放了，应当通过上移执行权来适当矫正。

第二，基于执行职能划分地方政府间财政事权。事权共担，是我国现行国家治理架构下一种有效的事权履行方式，也是经济、社会发展现阶段不得不采取的方式。因此，应从政府间委托代理关系这个现实出发，对我国政府间事权划分主要从事权要素的角度来完善。这就是将公共事务的决策权、执行权、监督权和支出责任进行不同程度的细分，并分权到不同层级的政府。在现行制度框架下，公共事务决策主要在中央，对地方来说，最重要的是明确执行成本和支出责任。同时，完善决策方式、执行方式和监督方式以及支出责任的确定方式，也是完善我国事权划分和界定的重要内容。

第三，建立辖区财政责任机制。为了防止只顾本级过日子，应建立有效的辖区财政责任机制，这是当前财政体制改革的核心，是建立辖区财政体制的关键。建立辖区财政责任机制，首先要区分不同级次政府的财政责任和公共服务提供责任的大小。一是辖区财政责任有大小之别。一般而言，政府的级次越低，其所辖的区域越小，而所辖区域越小，基本公共服务差距就越小，反之就会越大。与此相联系，辖区财政责任大小与基本公共服务均等化的责任呈同向关系。基本公共服务均等化的财政责任主要在中央政府和省级政府，主要通过中央和省级财政的公共资源分配来促进均等化。二是提供责任有大小之别。从基本公共服务提供的有效性来看，越是接近居民，提供的公共服务就越有针对性，效果就越好。显然，公共服务提供责任大小的排序规则与财政责任大小的排序规则恰恰相反：政府级次高低与其提供责任呈反向关系。财政辖区责任以"财力"为基点，而提供责任以"办事"为基点。在层层委托代理的治理架构下，辖区财政责任的关键是要让财力跟着事权走，避免二者在任何一级政府脱节。

3. 构建与辖区财政责任制相匹配的预算管理制度

第一，强化预算管理中的人大监督与公民参与。一方面，在国家治理层次，立法机关与行政机关的权力划分，过去一直在强化人大对预算的审批和监督，受各种因素制约进展并不尽如人意，随着新《预算法》实施，这方面总体上都有了法律规定，但关键是实践中落实到位；另一方面，在政府治理层次，要统筹政府部门间预算权力的划分，适时取消部门二次分配权以及法定挂钩机制，真正实现预算的完整性。提高预算分配决策的层次，在部门之上成立预算分配决策管理委员会，加大协调力度。应科学配置部门职能并动态调整。应敢于调整部门职能和人员机构，以部门职能、机构设置合理化为基础保障资金统筹的高效到位。

按照契约理论，公权力是民众赋予的，预算权自然应该体现民众意愿，新修订的《预算法》对基层预算审查需要吸收民众参与等提出了要求。当前，一些地方尝试参与式预算改革探索，加强了公民、社会参与预算审核的过程，是有益的探索，下一步可以加强。

第二，理顺预算与公共政策的衔接机制。党的十八届三中全会提出，审核预算的重点由平衡状态、赤字规模向支出预算和政策拓展。预算是政府基于公共服务需求所作出的"花钱"安排，形式上是"花钱"，实质上是满足公共服务需求的公共政策，钱与政策是一枚硬币的正反面，不可分割。传统的预算管理更加关注过程管控，重视收支平衡。在税收规范化与法定化的条件下，财政收入预算是相对稳定和可预期的，现代预算管理应更加关注支出，即"花钱"，并与公共政策相衔接。首先，应根据公共政策安排预算。在预算编制中，通常有增量预算和零基预算两种方式，前者以基期水平为基础，分析预算期业务量水平及有关影响因素的变化情况，通过调整基期项目及数额，确定当期预算；后者不考虑过去的预期项目和收支水平，以零为基点编制预算。两种方式各有优缺点，在实践中都存在各种各样的问题，前者容易造成预算分配的固化，后者因为难以把握现实需求无法具体落地。究其根本，在于预算与公共政策缺乏有效衔接，财政支出政策与公共政策脱节，财政支出难以按照公共政策来安排，公共政策对财政支出存在"撕扯"效应，即不同领域的公共政策导致财政支出政策的碎片化。解决这些问题的关键在于，把财政支出政策与公共政策衔接起来，不是根据各业务部门申报的预算来安排，而是根据各领域的公共政策来安排预算。其次，应以预算规模与结构优化和调整公共政策。公共需求是巨大的，公共政策也就存在无限扩张的可能，而财政资金是有限的，不可能满足无限的公共政策需求。因此，对公共政策应当区分轻重缓急，财政支出政策应当有保有压、量力而行。这就要求应当把预算规模与结构作为设计、优化与调整公共政策的主要依据。

第三，构建"需求—标准—绩效"三位一体的预算管理模式。在预算实施的过程中，办事是目的，花钱是手段。但在实际运行过程中，经常出现把手段当作目的，而忽略了目的本身。例如，为了盘活存量、用好增量、支持实体经济提质增效和促进经济社会持续健康发展，先后发布《国务院办公厅关于进一步做好盘活财政存量资金工作的通知》和《国务院关于印发推进财政资金统筹使用方案的通知》等文件，目的是激活存量资金，通过这些资金来"多办事""快办事"，实现促进经济发展和改善民生的目标。但在操作过程中，我们对花钱进度考核要求非常严格，对财政库款考核提出了明确要求，按各地库款水平进行考核排名和约束。至于这些钱是否花在应该花的地方、花的效果如何却没有相应完备的考核机制。只考核"花钱"进度，而不考核"办事"的能力、基础和观念改变，这是舍本逐末。这涉及财政与其他部门之间的关系与责任问题，同时也有可能产生和放大财政风险。

现代财政制度之下，财政资金分配需要考虑的因素因时因地因项目而异，但应当体现"需求—标准—绩效"的逻辑，反映现实需求，遵循科学标准，体现实际效果。首先，预算安排应当最大限度地反映现实需求。各级政府部门的预算申报应当在充分的需求调研与论证的基础上进行，各级人民代表大会应当在了解宏观需求的基础上审核预算，各级财政部门应当把更多的资源与精力用于中微观层面的需求调查、确认与核实。零基预算要在实践中真正落地，关键是把握现实需求，并对需求进行轻重缓急排序，根据需求的轻重缓急形成预算项目库。其次，预算安排应当有细致、精确、科学的标准体系。在需求明确的情况下，预算安排便有了方向，但尚缺少依据，既定需求下，安排多少为宜？这就涉及标准问题，标准进一步明确了，需求与标准相乘便是预算规模。这就要求财政部门和主管部门应当加快预算支出标准体系的建设，并形成动态调整机制。最后，以财政支出效率与效益作为考核各级政府部门的重要标准。各级政府部门依需求和标准申报预算，财政部门依需求和标准审核预算，各级人民代表大会依需求和标准审查预算，就能够保证预算编制的科学性与合理性。现代预算更加关注"结果"，应当把财政支出的效率与效益作为评判各级政府部门重要的尺子。2018年9月发布的《中共中央　国务院关于全面实施预算绩效管理的意见》就强调，要加快建立现代财政制度，建立全面规范透明、标准科学、约束有力的预算制度，以全面实施预算绩效管理为关键点和突破口，解决好绩效管理中存在的突出问题，推动财政资金聚力增效，提高公共服务供给质量，增强政府公信力和执行力；提出用3—5年的时间基本建成全方位、全覆盖、全过程的预算绩效管理体系。需求与标准管住了预算编制与执行环节，绩效管住了预算监督环节，同时为预算编制与执行提供支撑，这样"需求—标准—绩效"三位一体的预算管理模式就体现了"规范透明、标准科学、约束有力"的现代预算制度要求。

4. 健全与辖区财政责任制相适应的现代税收制度

第一，循序渐进，落实税收法定原则。党的十八大提出，法治是治国理政的基本方式；党的十八届四中全会进一步强调，法治是国家治理体系和治理能力的重要依托。国家要依法治理，作为国家治理基础和重要支柱的财政，更要在法律的框架内运行。税收法定，是合理界定政府与市场关系的重要前提，有助于发挥市场在资源配置中的决定性作用的同时，更好地发挥政府作用。截至 2019 年 1 月 1 日，我国已有个人所得税、企业所得税、车辆购置税、环境保护税等 8 个税种完善的相关立法工作。税收立法不是技术问题，而是税收制度的重塑，需要综合考虑多方面因素，在条件成熟的基础上循序推进。目前，《中华人民共和国资源税法》《中华人民共和国城市维护建设税法》《中华人民共和国印花税法》已施行；中期，可参照现行税种法律，完成增值税、消费税、关税、契税的立法工作；涉及房产与土地的税收立法相对复杂，可在更长的周期内完成。

第二，保持合理的宏观税负水平。宏观税负水平反映出国民收入宏观分配状况，关系到企业和居民的可支配收入以及社会对税收制度的评价。何为合理的宏观税负水平，是一个颇具争议性的话题，没有一个放之四海而皆准的结论，取决于多种条件的组合，应整体考虑，综合权衡。宏观税负的高与低，是一个统计学问题，可观测；而宏观税负的轻与重，这是一个社会学问题，难以直接观测。宏观税负作为宏观分配的结果，直接关系到政府、企业和居民之间的收入分配格局。激发社会活力是国家治理的重要目标，税收则是重要的手段之一。应适度降低宏观税负水平，同时着力优化税种结构、税负结构、归属结构和税费结构等，健全税收民意表达机制。

第三，建立健全有利于科学发展、社会公平、市场统一的税收制度体系。现代税收制度改革的关键是优化税制、匹配事权和完善地方税体系，从而形成政府间合理的财政关系，并保障政府履职所需要的正常财力需求。现代税收制度改革在政府小循环体系上的相应重点包括：一是完善地方税体系，特别是根据"营改增"改革之后的情况，以房地产等不动产作为课税对象，形成新的地方政府的主体税种；二是深化增值税改革，根据减税降费后的新环境，进一步明确中央和地方对增值税的分享比例，调动地方在经济增长和绿色发展两个方面的积极性；三是深入推进消费税改革，根据消费税征收环节和税基的变化，相应地确立新的"收入分享办法"，形成对地方合理的利益保障；四是全面推进资源税从价计征改革，相应清理取消涉及的行政事业性收费和政府性基金，形成"正税清费"基础上的地方财力保障机制。

在经济社会的"大循环"上，现代税制改革的关键是形成合理的政府与市场、政府与社会的关系，从而将着力点放在稳定税负、完善功能和促进结构优化三个方面。现代税收制度改革在经济社会大循环体系上的相应重点包括：一是推进增值税改革，在降低税率、增加进项抵扣和实施进项留抵返还的基础上，适时推进两档税率的改革优化；二是完善消费税制度，调整消费税征收范围，优化税率结构，改革征收环节，增强消费引导与调节功能；三是加快资源税改革，逐步将资源税扩展到水流、森林、草原、滩涂等自然生态空间，并明确税权归属、实施从价计征；四是建立环境保护税制度，按照重在调控、清费立税、循序渐进、合理负担、便利征管的原则，将现行排污收费改为环境保护税，探讨新设二氧化碳税目，进一步发挥税收对生态环境保护的促进作用；五是加快房地产税立法并适时推进改革，合理设置建设、交易、保有环节税负，促进房地产市场健康发展；六是逐步建立综合与分类相结合的个人所得税制，合并部分税目作为综合所得，适时增加专项扣除项目，合理确定综合所得适用税率。

三、着眼公共风险变化提升财政宏观管理能力

财税体制改革应坚持问题导向，紧扣我国社会主要矛盾变化，反映公共风险的变形与变异。

（一）强化财政宏观管理功能

党的十九大作出了"中国特色社会主义进入新时代"的重大战略判断，新时代我国社会主要矛盾也由"人民日益增长的物质文化需要同落后的社会生产之间的矛盾"转化为"人民日益增长的美好生活需要和不平衡不充分的发展之间的矛盾"，新时代新的社会矛盾，要求作为国家治理基础与重要支柱的财政改革的紧密呼应。在按照党的十九大所确定"加快建立现代财政制度"改革要求下，结合新时代的特征、新的社会矛盾，在财政改革中融入更多的时代特征。

1.强化预期与行为管理

现代风险社会，与传统的工业社会相比，不确定性不是减少了而是增加了。基于防范化解公共风险的目的，现代财政应当着力为经济社会运行注入确定性，而不是强化不确定性。实践中，在层级间、部门间不协调的情况下，市场主体甚至地方政府接受的政策信号不是单一的，存在多个部门多个信号的问题，造成市场主体的预期紊乱，进而加剧经济社会运行的不确定性。如果缺少稳定的政策预期，就会导致守法者吃亏、不守法者占

便宜的现象。政府监管是在管理风险，监管的反复往往会制造风险。先松后紧或先紧后松的政策，往往比没有政策风险更大。

管理预期，需要系统的、一以贯之的规则，而不是碎片化的、时常变化的规则。规则应当是基于行为的，应在事前制定规则，事后再定规则只能起到亡羊补牢的作用。相关政策文件往往只强调结果，淡化了对行为的约束与引导。但在行为不改变的情况下，结果只是行为的"结果"，是管不住的。要通过制度设计，引导并约束市场主体和地方政府的行为。例如，通过建立完善的社会信用体系，对守信者给予多方面的便利，降低其生产生活的成本，对失信者给予全方位的惩戒，大大增加其生产生活的成本，就是行为管理的典型案例。

2. 重视协同治理与政策管理

政府各部门都是政府的一部分，相当于一部车，如果部门间不协调，一个部门踩油门，一个部门踩刹车，就容易出事故。公共风险的成因比较复杂，与各个政府部门履行职责范围内的公共责任有关，而部分公共风险涉及面较广，可能涉及多个部门的职责，有的部门"踩刹车"，有的部门"踩油门"的情况下，就会加剧公共风险。这就需要公共财政以政策和资金为线索，统筹和协同各部门的公共政策。

"财务"与"财政"一字之差，内涵大为不同，前者重收支，后者重政策。现行财政管理过于关注收支管理，更像是政府的"财务"，"为国理政"的功能发挥受限。为此，基于现代财政制度目标的改革，应当适当弱化微观层面的收支管理，强化宏观层面的政策管理，更好地体现和发挥国家治理基础与支柱的作用。

居民依据个人需求安排收支，企业依据生产经营需要安排收支，政府则依据公共需求安排收支，与之相应，形成了家庭管理、企业管理和公共管理。三者管理对象、范围、层次有所不同，但均有人、事、财三条线索，相辅相成、缺一不可。事务管理离不开人，也离不开财。与家庭管理、企业管理相比，公共管理涉及面巨大，更需要制度、规则与标准，三者构建了公共政策。公共领域的人力、事务、财力安排是为公共政策服务的，财力安排是公共政策的基础要件，也需要与人力、事务相匹配。财政管理表面上是收支管理，其实与人力管理、事务管理相辅相成，与公共政策紧密相关。过于关注收支管理，忽视其与公共政策的联系，财政就容易被政策割裂，变成单纯为政策提供财力的工具。因此，财政管理应以收支管理为线条，用收支管理来影响、统筹政策。

3. 弱化过程管控，强化目标管理

作为一个大国，我国各地区在要素禀赋、经济发展水平、文化习俗等方面差异较大，一刀切的财政政策往往看似均衡、公平，但由于未能兼顾到不同地区的不同情况，可能会扭曲经济社会资源配置，带来公平与效率方面的损失。建议在国家治理体系的框架下梳理财政政策制定与实施的流程与方式，更加关注政策的战略目标导向，适当放松政策本身的设计与实施过程。

对部分自上而下的政策，建议探索中央设目标、省级定政策、市县出方案的模式。基于经济社会发展战略的需要，中央提出目标与原则，省级政府结合地方实际作出政策框架设计，市县政府根据目标、原则与政策框架，根据地方实际制定实施方案。对政策执行情况的考察，重点看结果，只要能够达到目标，不拘泥于具体的实施方式。这样，既能够减轻中央政府的政府督导压力，也能够调动地方政府改革创新的积极性。

对于需要全国统一实施的政策，建议在成本收益分析的基础上，制定多套方案供选择。政策实施的成本与收益在各级政府与区域间是不同的，政策设计时，可对代表性区域进行成本收益分析、承受能力评估，根据分析与评估情况，分级分档设计政策方案，最大限度地实现政策成本与收益

在区域间的均衡。

（二）融入风险管理思维

与以往历次党代会不同，"风险"二字在党的十九大报告中反复出现：把"防范化解重大风险"放在了全面建成小康社会三大攻坚战之首，强调"守住不发生系统性金融风险的底线"，要求各级党组织和党员干部"增强驾驭风险本领，健全各方面的风险防控机制"，等等。传统的公共管理中，强调的是"危机管理"，因自然灾害、人为因素、外部冲击导致的经济社会危机爆发后，政府作为公共管理主管，要按照事前的应对预案迅速启动应对机制，把危机造成的危害降到最低限度。但一个地理大国、人口大国、经济大国，靠"危机管理"应对危机过于被动，危机的代价也过于沉重。国家治理现代化不仅要求政府有着强大的危机管理能力，更要求政府要具备"风险管理"的意识和能力，把风险防范于未然，避免风险转化为危机。在2018年新一轮的政府机构改革中，我国成立了应急管理部，在个别整合的政府机构中增加了风险管理司，意味着党和政府不仅在意识上更加重视"风险管理"，也在着力构建"风险管理"的体制机制。财政不仅是政府"危机管理"的基础保障，也是政府"风险管理"的基础保障和风险管理体系的重要组成部分。新时代的财政改革，应当融入"风险管理"的理念，在制定更加适应"风险管理"体系的财政政策的同时，为构建和应用风险管理体系提供更强大的财力保障，并在财政部门内部形成风险管理与协调的组织、机构、体系与机制。

按照传统财政理论的解释，公共财政的理论逻辑是通过筹集公共收入和安排公共支出，向全社会提供公共产品与服务，满足社会公共需求，弥补市场失灵带来的公共产品供给不足与外部性等问题，其价值取向是"社会福利最大化"。社会福利最大化的价值取向，融入财政管理的过程体现了社会公平与正义，但如果把社会福利最大化融入公共财政的目标之中，则有可能承受经济社会发展不可承受的代价。一些拉丁美洲国家因过度追求社会福利水平而陷入"中等收入陷阱"，一些欧洲国家因社会福利水平过高导致的政府债务危机，使得社会福利这一为防范风险、应对危机而形成的制度，成为现代社会的重要风险源头、重大经济社会危机的导火索。反思其他国家的经验教训，考虑我国实际，我国的财政改革应当既有利于维护社会公平与正义，也要避免使财政本身成为风险或危机的源头。基于此，新时代的财政改革，应当把公共风险最小化的价值追求融入其中。公共风险最小化一方面强化风险管理，另一方面并不排斥通过适当提高社会福利防范社会个体风险转化为公共风险。

（三）注重利益调节

如果说改革开放初期我国面临的最大公共风险是生存危机，财政改革要围绕解放生产力、发展生产力、满足人民群众基本的物质文化需要而展开的话，在新时代生产力水平显著提高、社会生产能力很多方面进入世界前列的情况下，财政改革的着力点应当有所变化。经济社会发展水平低，就要追求经济增长的速度，尽快做大蛋糕，财政政策就要重点调节经济总量，通过扩大投资、促进消费和出口，以"三驾马车"推动经济增长。新时代，我国经济社会发展水平显著提高，已进入中等收入国家行列，经济社会发展不平衡不充分成为新的社会主要矛盾的主要方面，仅靠财政政策的总量调节，难以解决发展不平衡和不充分的问题。解决区域、城乡之间发展的不平衡，减少群体间的收入分配差距，让贫困群体整体脱贫，都需要政府在利益平衡方面作出抉择，这需要作为国家治理基础与重要支柱的财政发挥好再分配职能，在政策、资源、资金分配方面，适当向经济社会发展水平偏低的地区、乡村地区和低收入群体倾斜。

（四）转向综合平衡

风险管理本质上是一种权衡。风险不会消失，只能够分散、转移和转化。风险也遵守一种"守恒定律"，某个个体或领域的风险减少了，不是风险凭空消失了，而是转向其他个体或领域。企业在通过金融创新化解市场风险的时候，这种风险不是消失了，而是转化成公共风险，而这种公共风险一旦爆发，由于其公共性，它的影响远比个体风险更大；居民通过社会保障体系化解个人不确定性风险，个人风险也不是消失，而是转化成公共风险；通过防范化解地方政府债务风险的相关措施，我们也不是把风险消除了，而是把这一风险转移、转化为其他领域风险。把风险管理融入财政改革之中，就是要充分发挥财政的"平衡"功能。改革开放以来，我国的财政改革主要是围绕"分利"进行的，一方面通过放权让利，使企业真正成为市场主体；另一方面通过分权激励，调动中央和地方两个积极性，这一改革路径切中了当时的社会主要矛盾，通过解放和发展生产力，大大提高了人民生活水平。然而在发展不平衡和不充分成为社会主要矛盾的条件下，再遵循"分利"的财政改革路径，无助于解决新时代的社会主要矛盾，甚至会导致矛盾激化的风险。因此，新时代的财政改革应当从"分利"向"平衡"转变，通过财政政策的安排，平衡区域间、城乡间、市场主体间的利益，实现更加平衡、更加充分、更加全面的发展。

四、健全与现代财政定位相匹配的组织机构保障

合理的中央与地方财政关系、先进的预算制度、优化的税收制度要在国家治理中协同地发挥作用，需要与之相适应的财政管理组织。

（一）加强党对财税体制改革的领导

财税体制改革是一项复杂性高、难度大的系统改革，单靠某一个或某几个部门往往很难推动；现代财政制度构建着眼于夯实国家治理的基础与支柱，更需要从国家层面统筹推进。坚持和加强党的全面领导，是我们取得中国特色社会主义革命与建设胜利的重要法宝。财税体制改革要把制度优势转化为国家治理效能，也离不开党的领导。建议发挥党在财税体制改革中统领全局的作用，同时建立跨部门的统筹协调机制，为改革的落实提供有力保障。

（二）优化财政部门职能与机构设置

政府及其所属部门是国家治理体系中最为重要的组成部分，政府机构与职能配置一定程度上决定了财政资源的配置。政府机构与职能配置的现代化是国家治理体系现代化的关键，而财政部门机构与职能配置的现代化则是现代财政制度得以形成和实施的关键。因此，基于现代财政制度目标的财税体制改革，离不开财政部门机构与职能配置的改革。财政部门机构与职能配置改革也应体现整体观、风险观和协同观，与中央—地方两级治理框架相适应，在有效支撑"一体两翼"现代财政制度的同时，也要为财政政策转型、宏观管理能力提升、现代科技应用创造组织条件。

1. 强化政策管理的机构与职能

包括经济政策、社会政策在内的公共政策的管理与协调是财政部门的核心职能，在机构与职能配备上应体现这一点。政府的所有活动都与财政收支相关，所有的财政收支都体现为公共政策，财政部门不能把财政收支业务作为主线。在财政定位为国家治理基础与重要支柱的新形势下，应把财政收支融入整体的国家治理之中，以国家治理的要求配置财政机构与职能，以国家治理的目标作为财政部门职能的主线。强化"国家治理"的理念与要求，不仅不是对财政收支管理职能的弱化，反而有助于更加高效、更加协同、更高层次地履行财政收支管理职能。

政策管理，包括公共政策的研究、制定、执行与协调等。与具体收支业务相比，政策管理的专业化水平要求更高，更加需要数据信息及其加工能力的支撑。科学的决策、有效的执行及严密的监管，都离不开全面、及时、准确的数据信息。机构与职能以政策管理为中心，要求具备强大的数据信息与技术支撑能力。因此，适应现代科技进步与政策管理需要，应当设立或强化专门的机构，推动大数据、人工智能等新技术在财政系统的落地应用，为财政部门政策管理提供坚实的技术与数据支撑。

国家治理能力现代化需要发挥财政的综合平衡功能，综合平衡表面上是收支，实质上是平衡各方利益的政策。不是以收支引领政策，而是先有政策，再有标准，然后才是收支管理。因此，机构与职能配置应考虑综合平衡目标的实现，明确谁来研究综合平衡问题，谁来制定纵向与横向的综合平衡政策，谁来执行政策。

2. 形成科学分工、有效协作的现代管理组织

现代社会与现代财政制度要求财政部门体现出"大而专"的原则，这就要求在机构与职能配备上应体现"大机构""专职能"的特点，同一功能的业务由一个机构办理。尤其在财政收支业务方面，应由一个机构统管"收"和"支"业务，收支政策与标准交由专门机构管理。技术进步、社会分工与协作是现代经济社会发展的最重要动力，应用新技术、合理分工与高效协作也是组织进步的关键。应把财政政策与业务流程划分为若干环节或领域，每个环节或领域由专门的机构承担；分工延伸了政策制定与业务办理的链条，在提高专门化程度的同时也带来了衔接与配合的问题，清晰的规则与合理的流程是实现分工协作的制度保障。财政部门的服务水平提升要靠专门化，效率提升要靠协作，专门化与协作要靠先进管理技术的应用与平台支撑。因此，应围绕专门化来调整机构，以明确的工作规则与规程界定机构分工与协作流程，并用现代管理技术来保障机构的专业性与协作的有效性。

3. 理顺前台、后台与支撑机构的关系

根据分工与协作的机构与职能配置思路，应把财政部门内部机构分为前台、后台与支撑三类机构。前台机构专于业务办理，即直接办理财政收支管理业务、处理公共关系与国际事务；后台机构专于决策支持与政策管理，即制定、管理和协调法规、制度、政策与标准，并监督执行；支撑机构专于数据信息、研究与技术支持，为前台办理业务和后台管理政策提供必要的建议、手段与工具等。三类机构通过清晰的规则、开放的平台、先进的技术进行流畅、高效与专业的协作。

（三）系统推进政府机构改革

财税改革既是经济改革，也是治理改革。从治理改革角度分析，财税改革就是要统一国家财权。统一财权涉及具有资金审批权、分配权的各个部门机构、职责的调整。各个部门在各自原有观念、路径、权限下，出于各自部门利益的考虑，难以达成共识，面对同一政策或改革，有的部门"踩刹车"，而有的部门"踩油门"，相互掣肘，抵消力量，改革难以协调，这也导致地方无所适从。解决这些问题，要靠进一步的机构改革，即财税改革要和机构改革联动起来。

五、以数字化为基础强化现代财政制度的技术支撑

新一轮的科技革命正在改变着人类的生产和生活方式，也在改变着国家治理的方式。财政作为国家治理的基础与重要支柱，也应顺应科技进步的趋势，通过应用新的技术，提高财政管理效率，以更高效的财政管理，支撑起国家治理的现代化。

（一）数字化是"百年未有之大变局"的科技推动力量

党的十九届四中全会基于对国内外发展大势的判断，提出"当今世界正处于百年未有之大变局"：国际金融危机对西方自由主义秩序造成严重冲击；经济格局"南升北降"，全球化进程遭遇逆流；恐怖主义威胁未除，地区冲突战火难息，大国博弈驶进未知水域……而在这一系列的变革中，科学技术的推动力量显而易见，新技术、新产业革命催生发展理念和发展模式深刻变化。当今，一切变革都来自新科技革命，其核心是数字革命。数字革命有两大支柱：一是数字化，即将物理系统转化为数字系统，这是划时代特征的新思维、新文明；二是数字新技术，即将数字技术赋能实体，这是新时代的共性基础技术。

（二）现代财政制度应有现代科学技术支撑

制度再先进，如果缺少相应的先进技术支撑，制度有效性就得不到保障。现代财政管理应充分吸收现代科学技术，以数字化为基础，把信息技术、大数据技术、云计算技术、人工智能技术等与财政管理结合起来，形成系统的财政科技，以财政科技进步促财政管理提升。

（三）增强财政数据信息的生产、加工、共享与应用能力

1. 提高财政管理的数据信息"生产"能力

现代信息社会，数据信息正在成为企业的核心资产之一。百度的搜索数据、阿里巴巴的电商数据、腾讯的社交数据使其成为行业内无可替代的巨头。财政连通着各级政府，连通着政府与企业、居民，连通着政府与社会，是极其重要的数据信息交汇点。依托财政政策与资金的线条，搜集、分类、存储海量数据信息，就是财政数据信息的"生产"过程。现代财政管理要跟上经济社会发展的步伐，成为助推国家治理现代化的基础与支柱，必须重视财政数据信息的"生产"，着力提高数据生产能力。一是搭建财政数据信息生产平台，沉淀和积累各部门、各行业、各领域汇集的数据信息；二是构建财政政策与资金运行监测体系，生产财政系统的动态数据信息；三是依据各级财政部门及驻地方监管局，形成完善的财政调查与统计体系，生产更加有针对性的财政数据信息；四是研究与应用先进的监测、调查与统计技术与方法，提高财政数据信息生产效率，降低数据生产成本。

2. 改进财政管理数据信息的"加工"能力

传统的分析技术已不能适用于海量数据信息的加工。要从各类数据信息中获取有价值的信息，需要借助于现代大数据、云计算技术。要使生产出来的财政数据信息对财政乃至公共管理发挥应有的作用，需要匹配相应的数据信息"加工"技术。一是在前台进行财政数据生产的同时，在后台构建财政数据信息加工处理平台，生产有价值的信息，分门别类，供财政乃至其他部门、全社会使用；二是鼓励数据信息使用单位及个人对加工过的数据进行再加工，并形成畅通的数据信息反馈或回流机制；三是根据财政数据信息加工处理需要，研发适用性强的大数据及云计算技术。

3.促进财政数据信息的共享

数据信息具有网络效应，其规模经济性特别显著，随着用户的增加，其价值可呈几何级数增长。数据信息共享是降低财政数据信息生产与加工成本、提高财政数据信息使用效益的便捷途径。为此，应促进财政系统内外部、各层级之间的数据信息共享程度的提高，最大化地发挥财政数据信息服务经济社会发展、服务国家治理的作用。一是打通财政系统内部的信息共享壁垒，逐步使内部信息共享成为常态；二是根据国家治理需要，与其他部门进行信息共享，逐步打通政府部门数据信息的供给侧；三是根据经济社会发展及市场主体需要，向全社会公开必要的财政数据信息；四是研究与应用适用于财政数据共享的信息技术与人工智能技术。

4.推动数据信息在财政管理中的应用

生产、加工和共享的数据信息虽然有价值，但要服务于管理与决策，需要通过分析与研究找出问题、发现规律。为此，应进一步强化财政科研工作，加大现代科学决策方法在财政管理中的应用。一是整合财政系统科研机构，聚焦科研力量，促进财政科学与技术发展；二是重视财政"硬"科学研究，在提高作为社会科学的财政学科研水平的同时，加强财政学与自然科学交叉学科研究；三是适时在高等院校财政学专业设置财政科技类课程，为财政科技发展培养基础性人才。

再先进的汽车也不会自动前行，再先进的飞机也不会自动飞行，它们需要与其先进性相匹配的驱动装备。同理，再先进的制度也不会自动落地实施，制度优势也不会自然地转化为治理效能，需要与之先进性相匹配的基础条件。传统视野下，我们把财政管理作为公共管理的一部分，把财政部门作为政府的一个下属部门，其弊端显而易见。融入其他公共政策之中，却又与其他公共政策并行，导致政策间衔接性、匹配性存在问题；作为一个政府部门发挥为国理财的职责，又易于被其他部门职责所牵扯。党的十八届三中全会提出，财政是国家治理的基础和重要支柱。基于这一论断，财政管理需要重塑。"基础"和"支柱"则为财政改革指明了方向，固基础需要财政适度下沉，强支柱需要财政适当拔高。党的十九届四中全会从完善国家行政体制、优化政府职责体系、优化政府组织结构、健全充分发挥中央和地方两个积极性的体制机制四个方面提出了完善中国特色社会主义行政体制，构建职责明确、依法行政政府治理体系的路径，而所有这些改革的路径与措施，都离不开财政这一基础。财政要在国家治理中发挥基础作用，须渗透和下沉到公共政策与管理之中，以资金管理为线索，统筹和协调公共政策与管理，使公共管理中的人、事、钱更加有效地匹配。财政要在国家治理中发挥支柱作用，需要财政政策上升和拔高为国家综合政策，以财政管理统筹公共管理，以财政政策协调公共政策。国家治理现代化是系统化的重构与改革，任重而道远，它是与中华民族伟大复兴之路相伴的历史，这也意味着，现代财政制度的构建也不可能一蹴而就。服务于国家发展与改革的财政，也必将随着国家治理的进步而逐步变革与完善。

主要参考文献

［1］Barro, Robert J., "Government Spending in a Simple Model of Endogenous Growth", *Journal of Political Economy*, Vol.98, No.5(1990).

［2］Boadway, R.& Shah,A., *Fiscal Federalism:Principles and Practice of Multiorder Governance*, Cambridge University Press, 2009.

［3］McLure, Charles E., "The Tax Assigment Problem: Conceptual and Administrative Considerations in Achieving Subnational Fiscal Autonomy", World Bank, 2015.

［4］Feenberg,Daniel,"The Significance of Federal Taxes as Automatic Stabilizers", *The Journal Economic Perspectives*, Vol.14, No.3(2002).

［5］Moss, David A., *When All Else Fails:Government as the Ultimate Risk Manager*, Harvard University Press, 2001.

［6］Grewal, Bhajan S.,"Assignment of Expenditure Responsibilities among Different Levels of Government:The Australian Experience", CAGP/NDRC Conference Paper, 2006.

［7］"Intergovernmental Fiscal Relations", 2017, http://www.worldbank. org/publicsector/decentralization/fiscal.htm.

［8］Johnson, G.W., "Sharing Power: Public Governance and Private Markets", *American Political Science Review*, Vol.88, No.2(1994).

［9］Martinez-Vazquez, Jorge,"The Assignment of Expenditure Responsibilities", The World Bank, 2015.

［10］Kopits, G.& Craig,J., "Transparency in Government Operations",IMF Occasional Paper, No.158, 1998.

［11］Oates,Wallace E.,*Fiscal Federalism*,New York:Harcourt Brace Jovanovich, 1972.

［12］O'Connor, J., *The Fiscal Crisis of The State*, New York:ST. Martin's Press, 1973.

［13］Huber, Peter, "Safety and the Second Best:The Hazards of Public Risk Management in the Courts", *Columbia Law Review*, Vol.85, No.2(1985).

［14］Rosen, H.& Gayer, Ted, *Public Finance*,清华大学出版社2015年版。

［15］Shah, A., Kincaid J., *The Practice of Fiscal Federalism: Comparative Perspectives*, MQUP, 2007.

［16］William, Simonsen & Robbins, Mark D., *Citizen Participation in Resource Allocation*,Boulder:Westview Press, 2000.

［17］Baker, Scott R., et al.,"Measuring Economic Policy Uncertainty", NBER Working Paper, No.21633, 2015.

［18］［德］沃尔夫冈·施特雷克:《购买时间——资本主义民主国家如何拖延危机》，常晅译，社会科学文献出版社 2015 年版。

［19］［美］戴维·奥斯本、特德·盖布勒:《改革政府:企业家精神如何改革着公共部门》，周敦仁等译，上海译文出版社 2006 年版。

［20］［英］格里·斯托克:《作为理论的治理:五个论点》，华夏风译，《国际社会科学杂志》(中文版) 1999 年第 1 期。

［21］［美］大卫·N.海曼:《财政学:理论、政策与实践》，张进昌译，北京大学出版社 2015 年版。

［22］［美］詹姆斯·N.罗西瑙主编:《没有政府的治理》，张胜军、刘小林等译，江西人民出版社 2006 年版。

［23］［德］乌尔里希·贝克:《风险社会》，何博闻译，译林出版社

2004 年版。

〔24〕刘尚希:《公共风险论》,人民出版社 2018 年版。

〔25〕刘尚希等:《大国财政》,人民出版社 2016 年版。

〔26〕刘尚希、傅志华等:《中国改革开放的财政逻辑》,人民出版社 2018 年版。

〔27〕刘尚希:《财税热点访谈录》,人民出版社 2016 年版。

〔28〕刘尚希主编:《中国财政政策报告（2018）》,中国社会科学出版社 2018 年版。

〔29〕刘尚希等:《中国财经改革经验》,中国财政经济出版社 2019 年版。

〔30〕刘尚希、武靖州:《宏观经济政策目标应转向不确定性与风险——基于经济周期视角的思考》,《管理世界》2018 年第 4 期。

〔31〕刘尚希:《不确定性:财政改革面临的挑战》,《财政研究》2015 年第 12 期。

〔32〕刘尚希、李成威、杨德威:《财政与国家治理:基于不确定性与风险社会的逻辑》,《财政研究》2018 年第 1 期。

〔33〕刘尚希:《财政与国家治理:基于三个维度的认识》,《经济研究参考》2015 年第 38 期。

〔34〕刘尚希:《论中国特色的积极财政政策（治国理政新思想新实践)》,《人民日报》2017 年 4 月 6 日。

〔35〕刘尚希:《破除积极财政政策的三个认识误区》,《经济日报》2017 年 7 月 7 日。

〔36〕刘尚希:《"十四五"财政改革　更多关注支出划分》,《山西财税》2019 年第 7 期。

〔37〕刘尚希:《社会主义的学术定义:人民成为普照之光》,2019 年 7 月 28 日,见外国财税动态公众号。

［38］刘尚希、石英华、武靖州：《制度主义公共债务管理模式的失灵——基于公共风险视角的反思》，《管理世界》2017 年第 1 期。

［39］刘尚希、赵大全：《如何构建辖区财政体制》，《中国财经报》2013 年 1 月 26 日。

［40］刘尚希：《财政风险：一个分析框架》，《经济研究》2003 年第 5 期。

［41］刘尚希：《论公共风险》，《财政研究》1999 年第 9 期。

［42］刘尚希：《央地财政关系的理论解析》，《中国财经报》2018 年 3 月 10 日。

［43］刘尚希：《财政新常态：公共风险与财政风险的权衡》，《光明日报》2015 年 3 月 18 日。

［44］刘尚希等：《从基本公共服务均等化入手深化财政体制改革》，中国财政科学研究院研究报告，2018 年第 16 期。

［45］刘尚希等：《十八届三中全会以来财税体制改革的进展及评估》，中国财政科学研究院研究报告，2018 年第 9 期。

［46］高培勇：《抓住中国特色财政学发展的有利契机（构建中国特色哲学社会科学）》，《人民日报》2017 年 2 月 27 日。

［47］池忠军、亓光：《中国特色的治理话语：国家治理现代化》，《探索》2016 年第 3 期。

［48］李炜光：《财政何以为国家治理的基础和支柱》，《法学评论》2014 年第 2 期。

［49］梁宇：《马克思的国家治理思想探析》，《哲学研究》2015 年第 5 期。

［50］武靖州：《防范化解重大风险前提的积极财政政策转型》，《改革》2017 年第 11 期。

［51］楼继伟：《中国政府间财政关系再思考》，中国财政经济出版社2013 年版。

〔52〕财政部干部教育中心组编:《现代政府间财政关系研究》,经济科学出版社 2017 年版。

〔53〕廖晓军主编:《国外政府预算管理概览》,经济科学出版社 2016 年版。

〔54〕财政部干部教育中心组编:《现代预算制度研究》,经济科学出版社 2017 年版。

〔55〕汪菁:《美国政府间关系的历史演变与"财政联邦制"问题的探讨》,《中共杭州市委党校学报》2014 年第 5 期。

〔56〕文红星:《日本政府间财政关系的演变及启示》,《亚太经济》2011 年第 3 期。

〔57〕杨蕴文:《地方税体系的国际比较及经验借鉴研究》,《经济研究参考》2018 年第 58 期。

〔58〕财政部干部教育中心组编:《中国现代财政制度建设之路》,经济科学出版社 2017 年版。

〔59〕王浦劬:《国家治理现代化理论与策论》,人民出版社 2016 年版。

〔60〕谢芬芳:《地方税体系的国际比较与借鉴》,《湖南行政学院学报》2018 年第 5 期。

〔61〕中国财政科学研究院:《世界主要国家财政运行报告（2016）》,经济科学出版社 2016 年版。

〔62〕财政部财政科学研究所、中国财政学会外国财政研究专业委员会编著:《经济危机中的财政——各国财政运行状况（2011）》,中国财政经济出版社 2012 年版。

〔63〕中国财政科学研究院:《世界主要国家财政运行报告（2018）》,中国财政经济出版社 2018 年版。

〔64〕唐慧竹、于富元:《中美日欧税收制度的国际比较》,《金融会计》2018 年第 8 期。

［65］李丞:《国外财政转移支付制度及启示》,《中国财政》2015 年第 16 期。

［66］唐明、陈梦迪:《德国共享分税制的经验及启示》,《中国财政》2017 年第 4 期。

［67］叶珊:《财政赤字的法律控制》,北京大学出版社 2013 年版。

［68］黎江虹:《新〈预算法〉实施背景下的预算权配置》,《税务研究》2015 年第 1 期。

［69］马骏、赵早早:《公共预算:比较研究》,中央编译出版社 2011 年版。

［70］郭小东:《新比较财政导论》,广东科技出版社 2009 年版。

［71］财政部干部教育中心组编:《现代财政法治化研究》,经济科学出版社 2017 年版。

［72］《义务教育费国库负担制度概要》,见 https://www.mext.go.jp/a_menu/shotou/gimukyoiku/outline/001/008.htm。

［73］樊继达:《欧美国家的基本公共服务均等化》,见 http://theory.people.com.cn/GB/9922214.html。

后　记

党的十八届三中全会提出"财政是国家治理的基础和重要支柱"的科学论断之后，党的十九大报告再次明确提出，要"加快建立现代财政制度，建立权责清晰、财力协调、区域均衡的中央和地方财政关系。建立全面规范透明、标准科学、约束有力的预算制度，全面实施绩效管理。深化税收制度改革，健全地方税体系"。在习近平新时代中国特色社会主义指导下，根据十八届三中全会以来党的重要会议文件精神，以国家治理现代化为视角和出发点，研究如何更好地发挥财政在其中的基础性和支柱作用，以及如何全面深化财税体制改革等问题，对于推进国家治理体系和治理能力现代化、实现中华民族伟大复兴具有十分重要的理论意义和现实意义。

2017年10月，经全国哲学社会科学规划领导小组批准，中国财政科学研究院承担国家社科基金"国家治理体系和治理能力现代化"研究专项项目——"国家治理现代化视角下的财税体制研究"（批准号17VZL011）。为此，财科院专门成立了"国家治理现代化视角下的财税体制研究"项目研究组，由刘尚希院长任组长，傅志华副院长为副组长，组织院内精干研究力量，进行重点攻关。研究工作以习近平总书记关于推进国家治理体系和治理能力现代化的重要讲话精神为指导，坚持问题导向，着眼推动财税体制通过形塑国家治理结构、改变国家治理方式、影响国家治理效能，为国家治理注入确定性，从而为我们党更好治国理政，为推进国家治理体系和治理能力现代化提供学理支撑。研究组经过多次国内外实地调研，院内专家讨论和邀请院外同行研讨，前后历经四年有余，反复推敲，数易其稿，终于完成结项报告。2022 年 4 月，经全国哲学社会科学工作办公室审核准予结项。研究组将结项报告中的总报告"国家治理现代化视角下的财税体制研究"修改完善后，付梓出版。

作为新中国成立后最早设立的人文社会科学研究机构和财经决策咨询机构之一，财科院在研究工作中始终高度关注党和国家在各个时期的重大战略部署，并全力为之建言献策。尤其是 2017 年来，我们进一步发挥作为国家高端智库试点单位的研究优势，将理论和实践结合研究中国的财税体制问题，在坚持中国特色社会主义的道路自信、制度自信、理论自信和文化自信的基础上，在百年未有之大变局的视角下，来看全面把握财税体制问题。本书的研究创新贯穿了"整体观""风险观""协同观"，以期推动财政理论研究不断创新，为新时代财政改革，夯实财政这个国家治理基础提供新的指引，为国家治理现代化和"人民幸福、民族复兴"的丰功伟业做出应有的贡献。

本书由刘尚希、傅志华牵头组织研究，并确定研究主题、总体逻辑、基本观点和框架后，分别由赵福昌（导论）、李成威（第一章）、程瑜（第二章）、陈龙（第三章）、马洪范（第四章）、张鹏（第五章）和武靖州（第六章）执笔形成初稿，再经集体讨论、交叉修订、集中改稿和专家评审，最终由刘尚希、傅志华总撰修改定稿。闫晓茗作为研究组成员参与了相关子报告的研究和撰稿，并提供了高效的技术辅助工作。人民出版社为本书出版提供了有力支持和帮助，特别是曹春同志，书稿凝结了她的智慧与辛劳。在此，一并衷心表示谢忱！

研究组虽有奉献精品之念，但难免疏漏，恳切期待读者指点斧正。

责任编辑：曹　春

图书在版编目（CIP）数据

国家治理现代化视角下的财税体制研究 / 刘尚希等 著 . — 北京：人民出版社，
　2022.11（2024.11 重印）

ISBN 978 - 7 - 01 - 025038 - 0

I. ①国⋯　II. ①刘⋯　III. ①财税－经济体制改革－研究－中国

　IV. ① F812.2

中国版本图书馆 CIP 数据核字（2022）第 162942 号

国家治理现代化视角下的财税体制研究
GUOJIA ZHILI XIANDAIHUA SHIJIAOXIA DE CAISHUI TIZHI YANJIU

刘尚希等　著

人民出版社 出版发行
（100706　北京市东城区隆福寺街 99 号）

北京中科印刷有限公司印刷　新华书店经销

2022 年 11 月第 1 版　2024 年 11 月北京第 2 次印刷
开本：710 毫米 ×1000 毫米 1/16　印张：14.75
字数：193 千字

ISBN 978 - 7 - 01 - 025038 - 0　定价：88.00 元

邮购地址 100706　北京市东城区隆福寺街 99 号
人民东方图书销售中心　电话（010）65250042　65289539